특이종신드롬

특이종신드롬

"진아는 감각기관이 아니라 의결기관이다!"

저자 레드썬 김영국 박사

도서출판 레드썬

머리말

이 책은 본인이 평생 최면을 해 오면서 과연 사람들이 최면효과를 오랫동안 많이 보기 위해서는 어떤 사고방식을 가져야 하는지 정말 많은 고민 끝에 펜을 들었다. 많은 사람들을 최면해 본 결과 사람들이 정신적으로 안정되지 못하게 만드는 원인을 알게 되었고, 그걸 치유할 수 있는 사고방식을 찾아내었다.

이 책의 제목은 '특이종신드롬'이다. 특이종의 뜻은 시간적으로나 공간적으로 여러분은 특이하며 유일무이하다는 의미로 사용했다. 완전히 다른 특이종이라는 의미로 이해해도 좋다. 한자로는 '特異種'이라고 적어서 모두 특이한 종자라는 의미로 이해하면 될 것이다. '사람과 사람은 모든 점에서 완전히 서로 다른 특이한 종자'라는 의미이다.

사람들은 본인이 특이종인 것을 숨기려 한다. 사람끼리는 여러 점에서 서로 다른데도 불구하고 거듭해서 실수하고 실패하다 보면 자신감을 잃게 되어 서로 같아져야 마음이 놓이게 되는 'Erroneous Zone'에 빠지게 된다. 그래서 결국 서로 다르면 막연히 불안, 초조해지는 마음상태를 가지게 되어, 스스로의 의사결정을 포기하고 무작정 남들이나 과거상황의 영향을 받고 따르게 된다.

내가 중학교 다닐 때 난 늘 공부만 했다. 24시간 공부하는 애가 있다면 그게 바로 나였다. 그런데도 머리가 나쁜지 난 잘해야 2등이었다. 누가 1등이었느냐면 얼굴이 마치 프라이팬처럼 넓적해서 별명이 '떡판'인 애가 늘 노는데 시험만 보면 1등이었다. 이 친구의 신조는 놀 땐 놀고 할 땐 한다는 것이었다. 그 당시 '떡판' 인기는 하늘을 찔렀고 모든 애들이 '떡판'을 추종했다. 소풍 가면 어디서 구했는지 기타를 구해 와서 신나게 노래하고 노는 거였다. 그 당시 떡판은 처음에 볼 때는 외모 때문에 무시당하기도 했지만 지내다 보면 다재다능해서 모두의 우상이 되었고, 나중에는 모든 애들이 다 떨어진 모자, 나팔바지, 구레나룻, 목소리까지도 떡판을 따라 했다. '떡판' 신드롬이었다. 애가 만일 떡판이 아니었으면 이렇게 신드롬이 일어났을까? 얼굴이 넓적한 프라이팬이기 때문에 가능한 일이었다. 얼굴이 프라이팬 같은 애가 맨날 노는데 시험만 봤다 하면 1등이니, 얼마나 놀라운 일인가? 이 세상의 모든 특이종은 일정한 사고과정을 거치면 신드롬을 일으킬 자격이 있다는 걸 그때 난 깨달았다. 평범했다면 신드롬은 절대로 일어나지 않는다. 뭔가 특이하기 때문에 신드롬이 일어날 수 있다는 걸 알게 되었다. 여러분 모두는 이미 신드롬을 일으키기에 충분하다. 진정한 특이종으로서 특이종인 걸 숨기려 하지만 않는다면. 숨기려 하기 때문에 집중력, 자신감을 발휘할 수 없는 것이다. 이 책에서는 특이종이 특이종답게 어떤 의사결

특이종신드롬

정과정을 가져야 실패의식에서 벗어나서 자신의 잠재능력을 발휘할 수 있는지 설명해 놓고 있다.

이제 여러분도 이 책을 읽고 하나하나 성공해서 사회의 빛이 돼서 멀리 퍼져 나가길 바라는 마음에서 '특이종신드롬'으로 제목을 정했다.

여러분은 모두 어느 누구, 어느 시간대와도 다르며 특이하고 소중하며, 또한 현재의 상황은 과거, 미래뿐 아니라 어느 경우의 상황과도 다르며 특이하다는 걸 명심하라는 의미이다. 왜냐하면 여러분 자신이 원래부터 남들과는 전혀 다른 특이종인 걸 제대로 인식만 해도, 같지 않아서 생기는 대부분의 불안감을 없앨 수 있으며, 그렇게 되면 실패의식이 줄어들어 자신감도 회복할 수 있고, 잠재능력도 개발할 수 있다. 실패의식(Erroneous Zone)과 잠재능력 개발은 반비례관계에 있기 때문이다.

'윈'은 여러분이 실생활에서 어떤 방법으로 사고해야 하는지를 명확하게 명시하기 위해 독창적으로 조합해 본 단어이다. 물론 영어의 WIN을 의미하기도 한다. 이대로 따라 하면 승리할 수 있다는 의미를 함축하기도 한다. 대체로 대부분의 강의나 책들은 듣거나 읽을 때는 가슴 뿌듯하다가도 마치고나면 머리에 남는 게 없거나 따라 하기도 어렵다. 이 책에서는 실제로 집중력, 자신감이 향상되고 성과도 높일 수 있는 원리를 정리해 보았다. 그것이 바로 윈이다. 마치 니체가 주장하던 '초인'처럼 여러분이 따라야 할 인간상을 'W.I.N.'

으로 정리했다고 보면 좋을 것이다. 어찌 보면 '초인'사상의 완결편이라고 보면 좋을 것이다. 절대명제로 '극복하고 즐겨라'라고 했던 니체의 '초인'을 여러 상황으로 나누어 상대명제로 대응할 수 있게 하여 완성도를 높일 수 있게 하였다.

'W.I.N.'의 의미는 세 가지 중요한 의미를 가지는데 후술하였다.

구독자 수를 늘리기 위해 독자들의 정신건강은 신경도 쓰지 않는 전문가들의 무책임한 저서들이 난무하는 요즘, 너무도 많은 책임감을 느끼며 펜을 들었다. 이 책에서는 '성공을 부른다'는 법칙이나 '기적'이라든가 '마술'이라든가 '영혼'이라든가 하는 비과학적인 용어는 사용하지 않겠다. 왜냐하면 나도 어린 시절 그런 제목에 속아서 수많은 시간들을 낭비한 경험이 있어 책들이 독자들에게 얼마나 많은 영향을 미치는지 알고 있기 때문이다.

이 책의 목적은 니체의 절대명제 '초인사상'은 결국 한계에 부딪혀 생명이 오래가지 못했지만, 가장 정상적이고 합리적인 사고체계를 갖게 되고 생활에 어떤 의미에서건 도움이 될 수 있는 정신과학지침서적을 만드는 일이다. 즉, 이 책의 요지대로 'W.I.N.'의 의미를 제대로 이해하고 살면, 요즘처럼 그 책을 다 읽고 나면 바로 잡념이 돼 버리는 무책임하고 비과학적인 책이 아니라, 정서가 안정되고 여유가 생기며 참나를 찾을 수 있고, 그러면서도 생활의 능률을 올릴 수 있게 된다.

감히 주장하건대 '특이종'답게 살기 위해 노력하라. 니체의 '초인'

사상과 달리 누구나 실현가능하며 그렇게 함으로써 대부분의 불안감을 없앨 수 있으며 너무나 많은 자신감을 회복할 수 있으며 주변 영향 없이 편하게 지내는 것이 가능해질 것이다. 그러면 누구나 '특이종신드롬'을 일으킬 수 있다.

이 책은 수많은 심리서적을 독자 입장에서 맹렬히 비판하는 걸 바탕으로 하였으며, 특히 '웨인 다이어' 박사의 '에러니어스 존' 이론 및 여러 심리이론들을 독자들 입장에서 비판하고 수정하고 재정립하여 새로운 이론을 완성하였으며, 수십만 명을 최면하고 상담한 결과를 토대로 아주 조심스럽게 만들어졌다.

아마도 이 책을 읽은 사람은 비로소 '자기최면'을 할 자격이 있다고 할 수 있다. '자기최면'은 마치 뒤에서 밀어 주는 효과라고 할 수 있다. 예를 들면 누가 달리고 있을 때 뒤에서 적당히 밀어 주면 기록이 단축될 것이다. 그러나 뒤에서 세게 밀어 버린다면 어찌 되겠는가? 넘어져 버릴 수 있다. 따라서 사고체계가 올바로 선다는 것은 대단히 중요한 일이며, 사고체계가 제대로 돼 있지 않으면 오히려 최면이 방해가 될 수도 있다. 왜냐하면 최면이란 또 하나의 생각이기 때문이다. 즉 최면을 생각으로 이해하고 정리할 수 있어야 한다. 최면을 실제 생각과 가깝도록 도와주는 것이 바로 'W.I.N.'이다.

즉 올바른 사고체계를 가지면 그게 바로 강력한 최면을 해 준 것 이상의 효과를 보여 줄 수 있는 것이다. 사람들의 집중력, 자신감이 떨어지는 이유는 긍정적인 생각이 부족해서가 아니라 바로 부정적인 생각이 많기 때문인 것이다. 그래서 그 부정적인 생각을 없애 주는 방법이 바로 'W.I.N.'인 것이다. 대개 최면은 '할 수 있다'라든지 '하면 된다'라든지 긍정적인 암시 위주로 이루어진다. 그런데 정작 중요한 일은 부정적인 생각을 없애는 것이다. 긍정적인 암시를 하지 않아도 부정적인 생각만 완전히 없애 주기만 해도 상상할 수 없는 놀라운 자신감을 가질 수 있는 것이다. W.I.N.은 그 자체가 자연스럽게 부정적인 생각을 없애는 과정인 것이다. 나중에 언급하겠지만 모든 부정적인 생각은 과거의 영향이나 남들로 부터의 영향으로부터 기인하기 때문이다. W.I.N.의결은 바로 남들 영향도 없애고 과거, 미래 영향에서도 벗어나서 의사결정하게 해 주는 방법이다.

진정한 최면효과는 불교에서 말하는 '진아' 즉, '참나' 상태에서 암시를 줄 때 가장 높은 효과를 볼 수 있다. 결국 최면이란 최면상태를 통해 '진아'를 만날 수 있게 해 주는 것인데, 만일 깊은 최면상태에 들어갔지만 '진아'를 못 만났다면 이는 큰 효과를 보긴 어려울 것이다. 따라서 최면유도하지 않고도, 최면상태와 관계없이 '진아' 상태로 바로 갈 수 있다면 그리고 이 상태에서 암시를 할 수 있다면 당연히 큰 효과를 볼 수 있을 것이다.

이 책에서는 여러분이 쉽게 '참나'를 만날 수 있게 해 줄 것이며, 그 '참나' 상태에서 수시로 자기최면할 수 있는 W.I.N.최면을 인류 역사상 처음으로 소개하겠다. 자기최면이 효과를 볼 때를 많이 보지

특이종신드롬

만 일반 대중에게 널리 퍼지지 못한 가장 큰 이유는 일상생활에 쉽게 녹아들지 못했기 때문이다. 자기최면이 효과는 있지만 소위 말하는 '솔잎지팡이' 취급을 받기 때문이다. 즉, 몸을 기대기에는 너무 약한 '솔잎지팡이'라는 지적이다. 자기최면의 이와 같은 지적을 피하기 위해서는 최면에 대한 명확한 이해와 응용이 필요하다. 최면이란 결국 '집중'이며, 잘못된 부정적 암시에서 완전히 벗어난 상태에서 집중해서 암시했을 때 가장 큰 효과를 보리라는 건 자명한 사실이다. 그런데 모든 부정적 암시에서 벗어난 상태가 바로 '진아', 즉 'W.I.N.'인데, 여태까지의 불교서적에서나 또 다른 철학서적에서도 '진아'를 쉽게 설명하고 안내하는 책은 본 적이 없다. 이 책에서 '진아'를 새로운 '영'의 세계를 찾아 나서는 것처럼 모호하게 설명하지 않고, 일단 '지금의 나' 즉, '현아'에서 출발하여 주변영향을 제거해 나가는 방법으로 '진아'를 아주 쉽게 찾을 수 있도록 해 준다. 후술하겠지만 진아는 바로 불합리한 주변영향에서 벗어난 '현아'이다.

여태까지는 최면의 방법에 많은 관심을 기울였다면 이제부터는 '최면의 내용'에 관심을 가질 때가 되었다. 예를 들어 어떤 사람이 발표불안이 있다면 얼마나 깊은 최면상태에서 그 사람에게 암시를 주느냐가 여태까지의 관심사였다면 이제부터는 어떤 내용의 암시를 주느냐에 관심을 기울일 때라는 것이다. 좀 더 단도직입적으로 말하면 철학적인 내용이 뒷받침되어 있어야 한다는 점이다.

그 사람의 사고체계가 비뚤어져 있기 때문에 발표불안이 생긴다고 보는 것이 옳다는 것이다. 쉽게 말하면 사고체계가 비뚤어져 있는 상태에서는 일시적으로 최면을 해서 좋아질 수는 있지만, 사고체계가 바로 잡히지 않는다면 머지않아 부정적인 생각이 다시 많아져서 원래대로 발표불안이 생길 수밖에 없는 것이다. 따라서 영속적인 효과를 위해서는 최면의 방법도 중요하지만, 그 사람의 사고체계를 바로 잡을 수 있는 내용으로 설득하고 최면해 주는 과정이 대단히 중요하다는 것이다. 왜냐하면 잘못된 사고방식이 병을 만들기 때문이다.

사람들이 발표불안이 생기고, 자신감이 결여되고, 깊은 잠을 못 이루는 원인이 되는 많은 내용이 있겠지만 가장 중요한 결국 세 가지 관점에 문제가 있다고 압축할 수 있다. '지혜로운 의사결정', '어느 누구 어느 시간대와도 다른 나', '과거도 미래도 아닌 현재상황'이 세 콘셉트를 영어로 번역하여 'Wise, I, Now'로 할 수 있고, 첫 글자만 따서 W.I.N.으로 부르기로 한다. 즉 마치 빙의처럼 머릿속에 가짜나로 가득 차 있다면 안정감을 찾을 수 없어 잠도 못 자게 되고 불안, 초조해진다. 그리고 과거나 미래상황에 대한 생각으로 꽉 차 있어 걱정이 많다면 당연히 숙면을 취하기 어렵고 불안해진다. 마지막으로 현재상황에서 현명한 의사결정을 내리지 못한다면 당연히 불안정해진다. 따라서 이 세 가지 관점을 바로잡아야 진정한 의미에서 완전한 자신감을 회복할 수 있는 것이다. 그래야 잠도 잘 잘 수 있고 안정감을 취할 수 있다. 이 책에서 이 세 가지 관점을 여러 각

특이종신드롬

도에서 음미할 것이다.

또 한 가지 양해를 구할 것은 내가 그림최면 등으로 백만 가까운 구독자를 가졌지만 글로 책을 쓰는 건 서툴러서 인내심을 가지고 책을 읽어 주기 바란다. 특히 이 책은 같은 내용이 반복될 것이다. 여러 각도에서 음미하기 위해서이다. 참고 읽으면 여러분을 혼란스럽게 만드는 잡념에서 반드시 구해 내서 합리적이고 과학적인 사고체계를 갖게 해서 인생을 제대로 살게 하며, 집중력, 자신감을 놀랍게 향상시켜 줄 자신이 있다.

그리고 이 내용이야말로 니체의 '초인'사상을 대신할 수 있는 과학적이면서 실현가능하고 불안을 잠재울 수 있는 그러면서 인간의 궁극적인 삶의 목표가 될 수 있는 '또 하나의 새로운 철학'이라는 점을 강조한다.

본인 스스로 정서가 불안정되어 있고, 뭔가 성공을 해야 하며, 자신감이 필요하고 인생에 대해 다시 생각할 기회를 갖고 싶고, 최면을 해서 큰 효과를 보고 싶다면 이 책에서 말하는 'W.I.N.' 내용에 심취해 보라. 'W.I.N.'은 바로 진아를 의미한다. 단언하건대 모든 사상, 철학, 종교를 통틀어서 이 내용보다 당신을 편하게 해 주며 자신감을 갖게 해 주고 더 과학적인 내용은 없다고 생각한다.

2024년 6월 18일 레드썬 김영국 박사

목차

제1장
서론

이 책을 제대로 이해했는지에 따라 여러분이 얼마나 빨리 성공할 수 있는지가 결정된다. 이 책은 여러분 주변의 어떤 책과도 접근 방법에서 차이가 있다. 대체로 대부분의 책이나 철학들이 '절대명제' 형태로 결론을 내린다. 예를 들면 '느리게 살아라', '하면 된다', '긍정적으로 사고하라', '무위자연' 등등이다. 이런 절대명제로는 세상을 살 수 없다. 아마도 머지않아 니체의 초인사상처럼 머리가 아프고 결국 생활적용에 한계를 느끼게 될 것이다. 왜냐하면 세상 속에는 너무도 많은 여러 상황이 존재하기 때문이다. 그 절대명제가 맞는 상황도 있지만 정반대의 상황도 있기 때문이다.

이 책에서는 여러분 스스로가 상황, 상황마다 거기에 맞는 명제를 선택할 수 있도록 했다. 따라서 하나가 아니라 수천 수만 가지의 명제로 세상을 상대하게 했다. 쉽게 예를 든다면 어떤 경우에는 '하면 된다'로 살고, 어떤 경우에는 '참는 자에게 복이 온다'로 살고, 어떤 경우에는 '느릿느릿 게으르게' 사는 게 가능해진다. 어떤 절대명제도 책 읽을 때는 맞는 것 같겠지만 실생활에서는 바로 그 절대명제가 짐이 되어 버릴 것이다. 그러니 또 다른 책을 찾게 되는 것이다. 그러나 감히 말하건대 어떤 절대명제도 이 세상을 모두 커버할 수 없다. 일부분의 경우에만 맞을 뿐이다. 따라서 W.I.N.처럼 여러 경우 각각에 맞을 수 있도록 수천 개의 상대명제로 이루어져 있어야 실생활에 맞을 수 있는 것이다.

먼저 이 책에서는 쉽지만 생소한 개념들이 등장해서 서론부분에서 정리할 필요를 느꼈다. 유명한 스케이트코치라면 스케이트선수가 다리를 어떻게 밀어 주는지, 허리는 어떻게 움직여 주는지를 보면 그 사람의 기록을 짐작해 볼 수 있듯이 여러분의 현재 1분을 점검할 필요가 있다.

본인은 초등학교 5학년 당시 스케이트선수트레이닝을 받았던 때가 있었다. 청주 무심천에서 충청도대회에 참석해서 우수한 성적을 거둬, 춘천 공지천에서 전국대회에도 참석했었다. 겨울방학 때 음성 양재물저수지에서 우연히 스케이트코치를 만나게 되어 스케이트선수트레이닝을 겨울방학 동안 받게 되었는데, 그 코치님은 선수들이 스케이트 타는 걸 잠깐 보시기만 하고도 그 선수의 기록을 거의 비슷하게 맞추셨다. 스케이트는 같은 동작이 계속 반복되기 때문에

특이종신드롬

두세 걸음 스케이트날을 지치는 걸 보시면 그 선수의 기록을 예측하는 것이 가능하시다는 거다.

사람의 인생도 마찬가지 아닐까? 그 사람의 현재 얼마간을 지켜보면 그 사람의 인생을 예측해 볼 수 있다. 현재 5분을 어떻게 보내느냐가 그 사람의 인생인 것이다. 즉 현재 5분을 성공적으로 잘 보낸다면 그 사람의 인생도 성공할 수 있다고 볼 수 있을 것이다. 'W.I.N.'이란 뒤에서 설명하겠지만 현재상황에서의 최선의 대응책으로 현재상황을 처세하는 사람을 의미한다. 가장 중요한 것은 현재를 잘 보내는 것과 현재상황에서 얼마나 지혜롭게 처세하느냐는 완전히 다른 문제이다. 현재상황에서 지혜롭게 대처하지 못하는 이유는 실패의식이 생겨 옆 사람들에 의해 영향을 받거나, 과거나 미래에 의해 영향을 받기 때문이다.

먼저 도대체 '특이종'이 뭔지부터 설명해 보기로 하겠다. 특이종이란 동식물 중에서 그야말로 종자가 특이한 품종을 의미한다. 특이종과 특이종은 모든 점에서 다르다. 각자 다른 형태로 자라고 다른 특징을 가진다. 그리고 그 형태나 모양새가 특이하기 때문에 더욱 자신감이 있어 보인다.

사람들도 이처럼 서로 모든 점에서 완전히 다르며, 다른 것은 창피하거나 숨길 부분이 아니라는 점을 강조하기 위해 특이종이란 단어를 쓴 것이다. 다른 것은 개성이며, 나아가 매력이 될 수 있는 것이다. 그리고 또 잊지 말아야 할 점은 현재상황은 과거, 미래와 다르며 특이하다는 점이다. 과거와 똑같은 현재는 단 하나도 없다. 그러므로 현재가 과거와 다르다고 불안할 이유가 없다. 그런데도 사람들은 수많은 주변요인들과 다르기 때문에 시달리며 살아가고 있다. 자신감을 많이 잃은 사람일수록 실패의식이 커져 주변사람들이나 또는 그 사람의 과거, 미래상황과 무작정 같아지려 애쓰게 되다. 마치 특이종들을 가지치기를 해서 모두 똑같게 만들어 놓으면 어찌 되겠는가? 실패의식이란 이처럼 주변과 같게 해서 힘을 못 쓰게 만든다고 이해할 수 있다.

예를 들면 사람들은 대체로 주변사람들의 반응에 예민하다. 골프를 친다고 가정해 보자. 잘 치는 사람도 옆 사람이 못치고 퍼덕거리면 같이 못 치게 된다. 이는 대표적인 주변영향의 예이다. 그래서 비싼 돈을 내고 유명한 프로골퍼와 라운딩을 하려고 하는 것이다. 이 영향은 같은 종자라고 느낄 때 더욱 커지게 된다. 옆 사람이 당신한테 욕을 하면 기분을 상하게 된다. 한 가족이라고 느끼는데 상처를 주면 상처는 매우 커진다. 그래서 시어머니는 며느리에게 한마디만 해도 며느리에게 평생 지울 수 없는 상처를 준다. 분명 가족인데 상처를 주니까 상처가 더 커지는 거다.

하지만 명절 때 옆집 개는 아무리 심하게 짖어도 당신에게 아무런 상처를 주지 않는다. 개가 짖는 걸 해석하면 욕하는 걸 텐데 말이다. 그런데도 몇 발자국 안 가서 금방 잊어버리는 이유는 사람과 개는 서로 다른 종자라는 걸 당신 자신이 너무나 당연히 잘 알고 있기 때문이다. 그래서 개 짖는 큰 소리에 놀랬다가도 얼마 안 가 금방 잊어지는 거다. 이처럼 서로 다른 종자라고 구분하고 인식할 수 있으면 그 영향력은 작아진다. 이제부터 여러분은 명절 때 옆집 개처럼, 남들과 너무나 다른 특이종인 걸 제대로 구분하고 인식만 한다면 남들로부터 아무런 영향을 받지 않게 되는 것이다.

이처럼 영향을 줄이는 방법은 종자와 종자를 구분하여 다른 종자인 걸 확인하면 된다. 서로 다른 종자인 것이 확인되면 전연 영향을 받지 않는다. 당신이 누군가로부터 영향을 받고 있다는 것은 무의식 중에 당신이 그 대상과 같은 종자라고 인식하기 때문이다. 하지만 주변을 둘러보라. 이 지구상에 당신과 똑같은 존재는 단 하나도 없다. 특이종이다. 아무리 쌍둥이라고 하더라도 어디가 달라도 다르다. 서로 다른 인격체라는 말이다. 다른 종자인 것이다. 그런데도 불구하고 학교교육을 받으면서 실패를 경험하고, 다르다는 이유로 지적당하고 야단맞다 보면 스스로 같은 종자로 인식하게 되고, 이제는 오히려 다르면 불안해지는 "실패의식"에 빠지게 된다.

이 실패의식은 사람의 의사결정능력을 무기력하게 만들고, 무작정 남들을 따라 하게 만들며 또, 현재상황이 과거, 미래와 같아야 마음이 편해지게 된다. 그리고 이상한 규칙을 만들어서 헛짓거리를 하게 된다.

그래서 당신이 태어날 때부터 태생적으로 남들과 모든 점에서 다른 게 원칙인 걸 강조하기 위해 '특이종'이란 단어를 쓰게 된 것이다. 어느 누구와도 다른 당신이 남의 의사를 무작정 따를 게 아니라, 온전히 당신이 당신의 주인으로서 독자적으로 의사결정 내리며 움직일 준비를 하라는 의미로 특이종이란 단어를 썼다. 사람들은 노예생활을 청산하기 위해 목숨을 거는데, 당신은 무작정 남의 의사를 따르려고 하고 있다면 이는 노예근성이라고 봐야 하지 않을까? 실패의식의 산물인 것이다. 한국은 일본의 식민지였던 때가 있었다. 그 식민지 생활에서 벗어나기 위해 독립운동을 목숨 걸고 했고 정말 어렵게 독립을 쟁취했다. 그런데도 아직 일본은 아니지만 주변의 노예생활을 하고 있다면 되겠는가? 노예생활로는 절대로 두각을 나타낼 수 없다.

또한 과거, 미래 영향으로 현재가 흔들리면 안 된다. 현재의 당신은 남들과도 다를 뿐만 아니라, 과거, 미래의 당신과도 다르다. 현재는 현재고, 과거는 과거고, 미래는 미래다. 현재의 당신이 과거, 미래 영향을 받는다면 현재의 당신이 과거, 미래의 노예라고 볼 수 있지 않을까? 이런 의미에서 '특이종'이라는 개념을 사용하게 되었다. 여러분은 공간적으로뿐만 아니라, 시간적으로도 특이하며 유일무이하다. 당신이 특이종인 것을 똑바로 인식하고 주변영향을 벗어던져야 실패의식에서 벗어나서 당신의 집중력, 자신감 및 잠재능력을 발휘할 수 있게 되는 것이다. 주변영향이라는 두꺼운 옷을 입고는 절대로 실력발휘를 할 수 없는 것이다. 주변영향을 벗어 던질 수 있는 방법이 바로 W.I.N.의결이며, 그렇게 되면 비로소 특이종신드롬을 일으킬 수 있다.

이제 레드썬과 함께 노예근성에서 벗어나자. 이 노예근성은 당신이 주변사람과 같아지려 하거나 현재가 과거, 미래와도 같아지려 하면서 발동이 걸리고 있다. 이 모든 걸 해결하기 위해, 또 이에 제동을 걸기 위해 '구분한다'라는 개념을 만들어 보았다.

사람들은 '최선을 다한다'고 말하면서 '최선을 다한다'는 것이 어떤 개념인지 잘 모르는 사람들이 너무나 많다. 그 사람이 최선을 다하는지 아닌지는 그 사람이 현재 뭘 하는지 관찰해 보면 금방 알 수 있다. 예를 들어 책상 앞에 앉아서 '하면 된다'라는 암시구문만을 반복해서 암송하고 있다면 이는 최선을 다하는 게 아니라 헛짓거리를 집중해서 하고 있을 뿐인 것이다. 수험생이라면 책을 펴고 책을 읽으며 재미있게 이해 정리 암기하기 바빠야 '최선을 다한다'고 말할 수 있는 거다. 현재를 과거, 미래와 구분하여 현재상태에서 할 수 있는 최선을 다하고 있을 때 비로소 '최선을 다한다'고 말할 수 있는 거다. 절대적 진리란 절대로 존재하지 않는다. 지금상황에서 최선인지 아닌지를 따져 봐야지 절대적 최선이란 존재하지도 않고, 기대해서도 안 된다.

그 사람이 어느 대학을 갈 수 있는지는 그 사람이 현재 뭘 하고 있는지 관찰해 보면 금방 알 수 있다. 지금 상황에서의 최선을 추구할 수 있어야 밝은 미래를 기대할 수 있다. 지금상황을 과거, 미래와 구분하지 않고는 당신은 절대로 현명해질 수 없다. 여러분이 어떤 책을 읽고 좋은 영향을 받았는지는 여러분의 현재를 자세히 들여다 보면 알 수 있다. 현재를 관찰해 봤더니 준비는 안 하고 긍정이라는 이름으로 '상상'만을 반복하고 있다면 이는 분명 시간낭비를 하고 있는 것이다. 성공이 너무 아쉬워서 주문을 암송할 뿐인 것이다. 현재 상황을 제대로 파악해서 할 수 있는 최선의 의사결정을 내리고 실행해야 비로소 최선을 다한다고 말할 수 있는 거다.

이제부터 '구분한다'는 개념이 도대체 무슨 내용인지 알아보겠다. '구분한다'는 개념이 무엇인지 궁금해하는 성질 급한 독자들과 나 또한 성질이 대단해서 독자와 나 모두를 위하여 이 책에서 가장 중요한 내용들을 가장 먼저 정리해 보기로 하였다. 나는 한자전공이 아니라 한자어순이 다소 매끄럽지 않을 수 있는데, 독자들이 이해하기 바란다. 그 의미가 중요한 게 아니겠는가? 자, 우선 당신 자신을 남들과 구분하자. 당신은 남들과 종자 자체가 달라서 특이종이라 부르기로 했다. 그리고 현재를 과거, 미래와 구분하자. 현재와 과서는 분명히 다를 뿐 아니라 '현재의 나'와 '과거의 나'도 엄연히 다르다. 현재는 존재하고, 과거는 존재 자체를 하지 않는 허상 아닌가?

지금 당신은 마치 노예처럼 과거, 미래에 조종당하고 있다. 노예가 아닌 상태를 '자율'이라고 표현해 보도록 하자. 그리고 노예인 상태를 남이 조종하는 것이므로 '타율'이라고 표현해 보도록 하자. 자율은 스스로 의사결정을 내리는 상태라고 정의하자. 따라서 '자율해'는 남이나 과거가 아니라 지금 당신 스스로 의사결정을 내리는 것이므로 진정한 의미에서의 의결이고, 이하에서 '의결'로 줄여 표현하도록 하겠다.

그리고 현재를 과거, 미래와 구분하여 현재상황에서의 지혜로운 해법을 추구하는 걸 '현황혜안'이라 할 수 있다. '현재상황에서의 지혜로운 대안'이라고 이해하면 될 것이다. '자율해'와 '현황혜안'을 합치면 '자율현황혜안'이라 할 수 있으며 이하에서 '현황혜안의결'로 부르기로 한다. 이것이 곧 'W.I.N.'의결이다. 즉 '현재상황을 주변의 영향 받지 않고 특이종이 스스로 지혜롭게 의사결정해서 대처해 나간다'는 개념이다.

예를 들면 학교에 한 학생이 지각하고 있다면 일단 교실에 들어가기 전에 교실 안에서 어떤 일이 벌어지고 있는지 미리 좀 알아야 할 것이다. 무작정 남들과 다르게 지각한 게 두려워 서둘러 교실에 들어간다면 이야말로 실패의식이라 할 수 있다. 하지만 기왕에 늦었더라도 현재 어떤 상황인지는 알아야 하지 않겠는가? 만일 뒷문을 살짝 열어 봤더니 교실 안에서 선생님한테 단체로 학생들이 두드려 맞고 있는 상황이라면 어째야 하겠는가? 기왕 늦은 거 잠시 피신해 있다가 교실에 들어가는 게 현명하지 않겠는가? 어떤 일이건 상황을 파악하는 일은 가장 먼저 이루어져야 하며 또, 가장 중요한 일이다.

이때 위의 예에서 지각한 학생이 취할 행동은 여러 가지 일 것이다. 다른 학생들과 달리 혼자만 늦은 게 두려워서 무작정 교실문을 밀고 들어간다면 이는 실패의식에 빠져 있다고 말할 수 있다. 즉 남들은 모두 지각 안 했는데 본인 혼자만 지각을 하니 불안한 나머지 무작정 남들처럼 되려고 문을 열고 들어간다. 하지만 기왕에 늦었을 지언정 언급한 대로 잠시 몸을 피했다가 교실에 들어갈 수도 있고, 아예 집으로 가 버릴 수도 있고, 대범하게 양호실로 갈 수도 있다. 이처럼 현재상황으로 국한해서 스스로 가장 지혜로운 대안을 선택하는 걸 '현황혜안의결'이라고 하며, 이는 곧 '특이종이 추구하는 현황혜안'을 의미한다.

따라서 '특이종이 추구하는 현황혜안'이란 곧 'W.I.N.'의결이며, 이하에서 '현황혜안의결'이라 부르기로 한다. 현재의 상황에 한해서 스스로 가장 지혜로운 대안을 특이종 스스로 선택하고 실행하는 걸 의미한다. 이는 위에서 언급한 '지혜로운 결정', '나', '현재상황'을 되찾은 의사결정이다. 특이종의 이상적인 한 걸음이다. 그리고 여기서의 의미는 중요한 일일 때만 적용하는 게 아니고, 여러분의 한 걸음 한 걸음에서 모두 적용하는 게 좋다는 것이다. 왜냐하면 많은 사람들이 이미 실패의식에 빠져 있어 조심하지 않으면 단지 다른 사람과 다른 게 두려워 어리석게도 아무 생각 없이 무작정 같아지려 한다. 따라서 항상 현재상황을 제대로 파악하고 그 상황을 가장 지혜롭게 헤쳐 나갈 수 있는 지혜로운 실행대안을 추구해야 한다. 실패의식에서 벗어나야 한다고 해서 물론 무작정 남들과, 또 과거, 미래와 다르다는 것만으로 만족하면 안 된다. 무작정 달라지려고만 한다면 이 또한 또 하나의 '실패의식'이라 할 수 있다.

특이종신드롬

후술하겠지만 상황이론(Contingency Theory)이라는 것이 있다. 이 이론은 "상황이 바뀌면 최적해가 바뀐다"는 이론이다. 최적해란 가장 지혜롭고 적당한 답을 의미한다. 즉 상황마다 진리가 다르다는 걸 의미한다. 예를 들어 사랑은 좋은 것이다. 하지만 대입준비를 하고 있는 상황이라면 사랑은 안 좋은 것이라 할 수 있다. 공부하는 데 방해가 될 것이 뻔하기 때문이다. 하지만 그 대상이 공부를 전교 1등 하는 여자라서 거기에 맞춰야 하는 상황이라면 얘기는 또 달라진다. 즉 상황 중에 한 가지 변수라도 바뀌면 그에 대처하는 정답이 바뀔 수 있다는 걸 의미한다.

쉽게 말하면 시간이 흐를수록 상황이 계속 바뀌므로 그에 맞는 정답, 최적해, 즉 그 상황에서의 최선책, 즉 '현황혜안'이 바뀔 수 있다는 걸 의미한다.

내가 대학에서 교수를 할 때인데 졸업식날 학부모간담회에서 한 학생 부모님이 자기 아들이 매일 게임만 해서 엄청 두드려 팼다고 하셨다. 대학 갔는데 취업준비를 안 하고 매일 밤을 새워 게임만 하니 안 되겠다 싶었던 거다. 사람 만든다고 매일 두드려 팼단다. 그런데 막상 졸업하니까 자기 아들만 취업이 됐단다. 세상이 바뀐 거다. 상황이 바뀐 거다. 게임 만드는 회사에 취직이 된 거다. 부모님이 아이 앞에서 고개를 못 들겠다는 거다. 상황은 계속 바뀌며 그 상황에 대한 최선책, 즉 '현황혜안'도 계속 바뀌고 있다.

여러분 인생에는 수천 조, 수억 경의 상황이 발생하게 된다. 그리고 그때마다 최선책은 조금씩이라도 바뀌게 된다. 이는 마치 물과 같다. 물이 흐르면 바닥의 굴곡, 벽의 울퉁불퉁함에 따라 자신의 모습을 변화시키며 멀리 바다를 향해 의연하게 나아가지 않는가? 상황이 바뀜에 따라 아무 불평 없이 그에 순응하며 최선을 추구하며 나아간다. 내가 볼 때는 이는 옛날 사람들이 말하는 '도'의 세계가 아닌가 싶다. 단지 물은 부드럽게 나아가지만, 인간은 실패의식이라는 게 방해를 하므로 이와 싸우면서 끊임없이 애쓰며 나아가야 하는 것이다.

마치 운전하는 걸 생각한다면 쉽게 개념이 잡힐 것이다. 자동차를 운전할 때 사람들은 적당히 앞을 보며 계속 나아간다. 멀리 본다고 해서 5킬로미터 앞을 보고 운전하지는 않는다. 적당한 거리를 내다보면서 자동차를 운전하며 나아간다. 우리의 인생은 결국 자동차를 운전하는 것과 같다. 그런데 사람들이 이 기본적인 운전법을 모르고 있다. 그러니 결과는 뻔하지 않은가? 어떤 이는 과거만을 그리면서, 또는 과거의 충격으로 힘들어하면서 나아간다. 이는 마치 자동차 백미러만 보면서 운전하는 것과 같다. 위험천만한 일이다. 또 어떤 이는 먼 미래만을 자꾸 생각하면서 나아간다. 이는 보이지도 않는 100킬로미터 앞을 상상하며, 당장 앞은 보지도 않고 나아가는 것과 같다.

'W.I.N.의결' 즉 '현황혜안의결'이란 항상 현재상황을 다른 상황과 구분하여 현재상황이 어떤지 제대로 파악하면서 특이종으로서 내가 어떻게 대처하는 게 좋겠는지를 스스로 지혜롭게 의사결정 내리면서 나아가는 걸 의미한다. 예를 들어 100킬로미터 앞을 예상할 필요가 있을 때는 시동을 아예 꺼 놓고 지도를 보면서 과학적으로 탐구하는 게 좋겠다는 것이다. 의사결정을 포기하는 건 눈을 감고 있는 것과 똑같다. 노예생활을 자처하는 것이다.

시골에서 꿩을 잡을 때 꿩이 지면에 앉았을 때 여러 사람이 동시에 막 소리치면서 꿩을 쫓으면 꿩이 놀라서 도망가다가 수풀덤불 속에 머리를 콱 처박고 가만히 있다는 거다. 자기 눈에 아무것도 안보이니까 안전하다고 착각하면서 말이다. 사람이 실패의식에 빠지면 스스로의 의사결정을 포기하고 남이 하는 대로 무작정 따라 하거나, 현재상황이 아니라 과거나 미래상황의 영향을 받게 된다는 거다. 마치 꿩이 수풀 속에 고개를 처박고 몸은 드러내 놓고 있는 것과 무엇이 다른가?

현재에 과거나 미래에 늘 집중해 있다면 분명 이상신호가 뜰 것이다. 남편이 바람나서 이혼한 것만 주구장창 떠올리고 있으면 어떻게 되겠는가? 우울증이 올 것이 뻔하다. 모든 정신증상은 과거, 미래에 집중해 있거나 남들 의견에 집중해 있거나 고정관념에 집중해 있으면 생기는 것으로 이해할 수 있다. 마치 백미러만 보고 운전하는 것과 같은 상태인 것이다. 현재는 과거와 다른 걸 직시하고, 이 상태에서 빠져나와야 한다. 최선을 다해서 현재하는 일에 집중해야 한다. 그렇지 않으면 이 상태에서는 우울증, 불면증, 발표불안, 대인공포 기타 등등의 기미가 보일 것이다. 이것이 바로 이상신호이다. 이럴 때 현재에 집중하는 것만큼 좋은 치료는 없다. 그래서 실연당했을 때 운동에 열중하면 비교적 빨리 극복할 수 있게 되는 거다. 하지만 운동하면서도 과거에 집중해 있다면 효과는 적을 것이다. 현재에 집중할수록 회복속도는 빨라진다.

인생은 의사결정이다. 내가 경영학을 전공하여 박사학위까지 받은 바 있는데, 가장 좋은 가르침이라고 생각한 건 대부분의 학자들이 경영학을 "의사결정"이라고 정의내린 부분이다. 예를 들어 유공석유, 한국이동통신 등이 SK로 명칭을 통일시키기로 의사결정 내림으로써 비용은 많이 들었지만 SK는 훨씬 소비자로부터 신뢰감을 얻을 수 있었다는 것이다. 오늘날의 SK가 될 수 있었던 것이다.

의사결정 하나하나가 천금을 좌우한다. 여러분의 인생은 사업보다 훨씬 가치 있다. 따라서 여러분의 행동 하나하나는 상황, 상황마다 지혜로운 의사결정을 거쳐 이루어져야 여러분이 원하는 인생을 살 수 있을 것이다. 특히 지금을 과거, 미래와 구분해서 지금 상황에서는 특이종으로서 당신이 어떤 행동을 어떻게 하는 것이 지혜로운 것인지를 알아야 할 것이다. 적어도 지금 상황에서 과거만을 생각하고 있는 게 최선이 아니며 병을 키운다는 걸 알아야 한다. 적어도 지금 상황에서만큼은 어떻게 하는 게 최선인가 하는 의사결정은 내릴 수 있어야 한다. 만일 여러분이 의사결정을 내리지 않고 한순간 움직이고 있다면 이는 틀림없이 여러분이 주변영향으로 타율적으

특이종신드롬

로 움직이고 있다는 걸 의미한다. 아마도 여러분이 대부분의 시간을 주변영향으로 남들 하는 대로 과거 하던 대로 보냈을 것이다. 그러다가 현재의 당신이 남들이나 과거와 다른 걸 의식하게 되면 불안해지게 되거나 잠을 잘 못 이루게 되는 것이다. 두려워 마라. 지금의 당신은 남들이나 과거와 다른 게 원칙이다. 하나하나 상황마다 의사결정 내려서 남들이나 과거와 다르거나 말거나 특이종으로서 지혜와 자유를 맘껏 누려라. 왜냐하면 당신 인생에 관한 한 지금 당신만 한 천재는 없기 때문이다. 어느 누가 당신의 속사정을 당신만큼 잘 알겠는가? 어떤 천재라도 당신에게 하는 조언은 전문지식이야 많이 알겠지만, 당신의 속사정을 당신만큼 모른 상태에서 하는 것이기 때문에 당신에게는 부족할 수 있는 것이다. 당연히 당신의 인생에 관한 한 당신의 결정이 어떤 천재보다 더 지혜로울 수 있는 것이다.

'W.I.N.'의결 즉 '현황혜안의결'을 실천하려면 계속 여러분의 의식은 계속 현재에 머물러 있어야 한다는 걸 의미한다. 왜냐하면 여러분의 의식은 바뀌는 현재상황을 계속 체크하면서 그때마다 어떻게 하는 게 좋을지를 계속 선택해 나가는 게 바람직하기 때문이다. 그게 되지 않고 있다면 정신적으로 문제가 생기기 시작했다고 볼 수 있다.

'의식이 현재에 머물러 있다'는 것은 대단히 정신건강에도 좋은 것이다. 나는 아이들을 보면서 감탄할 때가 많은데 아이들의 의식은 항상 현재에 머물러 있는 걸 볼 수 있다. 어린아이들은 계속 움직이고 뭔가를 하고 있다. 한마디로 잡념이 없다. 아이들이 과거에 집중해 있는 걸 본 적이 있는가? 과거를 회상하며 한숨 쉬는 아이는 없다. 현재에 집중해 있는 그 자체가 "치료"이며 "즐거움"이다. 스님들이 목탁을 두드리는 이유도 현재에 집중하기 위해서이다. 따라서 'W.I.N.'의결을 몸소 실천하면 현재상황에 계속 집중하게 되므로 그 자체가 "치료"이며 "발전"이다. 'W.I.N.'의결을 계속 추구하다 보면 어느새 성공해 있는 것이지, 성공이라는 것이 머릿속으로 끌어당긴다고 끌려오는 게 아니기 때문이다. 무슨 이상한 법칙으로 시간을 낭비하지 않길 바란다. 미안하지만 여러분이 성공하고 안 하고는 'W.I.N.'의결에 달려 있다. 여러분이 한 상황, 한 상황을 구분해서 지혜롭게 대처해서 공부할 수 있게 여러분을 책상으로 가게 하고 책을 읽고 잘 이해, 정리, 암기할 수 있게 여러분을 끌고 간다면 그때 기서 여러분이 반에서 3등도 할 수 있고, 전교 1등도 할 수 있는 것이다. 나야말로 중학교 3학년 때 서울시 전체 모의연합고사에서 1등을 했다. 'W.I.N.'의결을 추구해서 책을 펴고 재미있게 공부하다 보니 1등을 한 것이지, 헛짓거리로 현재를 망치고 있었다면 절대 있을 수 없는 성적이다. 내가 서울시 전체에서 1등을 하고 학교가 발칵 뒤집어졌다. 내가 평소 반에서도 1등을 많이 못 했었기 때문이다. 떡판이 시험 때 감기몸살이 걸린 적이 있어서 내가 한 번인가 1등을 했었다. 그런데 연합고사준비할 때부터 본격적으로 '현황혜안의결'을 실천해서 놀라운 결실을 보게 된 것이었다.

나는 최면을 어려서부터 공부했고, 어찌 보면 관념전문가라고 볼 수도 있을 것이다. 아이러니하게도 최고의 관념전문가라고 할 수 있지만 실천 없는 관념은 헛수고라는 걸 강조하고 싶다. 의식이 계속 현재에 머물러 있어야 한다. 그렇지 않으면 썩어 가는 것이다. "과거, 미래에서 빠져나와라, 현재를 과거, 미래와 구분하라. 그렇지 않으면 당신은 적어도 시간낭비를 하고 있는 것이다. 그리고 심해지면 우울증, 불면증에 빠지게 된다. 적어도 지금 상황에서 과연 최선의 처세가 무엇인지에 대한 의결이 있어야 할 것이다. 물론 일을 위해 필요한 상황이라면 일삼아 시간을 정해 놓고 과거에 빠져 볼 수는 있을 것이다.

언젠가 모 가수가 이별노래를 불러야 하는데 이별을 해 본 기억이 없어서 일부러 여자친구하고 헤어져 봤다고 말하는 걸 들은 적이 있다. 이처럼 필요한 상황이라면 한시적으로 체험해 볼 필요가 있을 것이다. 그렇지 않은 경우라면 몸은 현재에 있는데 마음은 과거, 미래에 빠져 있는 건 좋지 않다고 볼 수 있다. 'W.I.N.의결'이란 나를 남들과 구분하고, 동시에 현재상황을 과거, 미래와 구분해서 '지금 이 현재상황에서 특이종으로서 내가 무얼 어떻게 어느 정도 어떤 마음으로 해야 잘하는 거라고 할 수 있을까?'를 스스로 탐구하면서 실천하는 것이다. 어떤 천재도 당신의 지금 상황에 대해서는 당신만큼 모르는 게 당연하다. 그런데 지금 당신이 눈을 감고 있다면 어찌 되겠는가? 누가 당신을 책임져 줄 거라고 생각하는가?

이제는 자기최면에 대해서도 다시 방법을 만들어야 편할 것이다. 생각해 보라. 즉시즉시 나를 바꾸어야 하는데 그럴 때마다 눈을 감고 심호흡하고 그럴 겨를이 어디 있겠는가? 따라서 자기최면은 1초 이내에 이루어질 수도 있어야 한다. 그렇지 않으면 무용지물이고 잡념만 더 추가될 뿐이다. 순간최면, 그런데 최면의 개념을 잘 이해한다면 최면시간이 1초 이내로 이루어지는 게 하나도 어렵지 않다. 그 내용은 좀 설명이 필요하니 후술하겠다. 앞으로는 레드썬과 함께하라. 여러분을 성공으로 이끌 것이며 적어도 현명하고, 스마트하며, 정신적으로 건강한 사람으로 탈바꿈시켜 주겠다. 그리고 절대 아무 이론이나 함부로 따라 하지 말고 철저하게 과연 그럴 것인지, 내가 소화할 수 있겠는지, 현재의 한 과정을 현미경으로 들여다봤을 때 잡념은 아닌지 검토해 보고 실행하라. 이는 대단히 중요한 문제이므로 앞으로 모임을 만들어서 중간중간 체크하고 깨우칠 수 있는 자리를 만들고자 한다. 왜냐하면 주변영향이 얼마나 영향을 미치고 있는지, 주변영향을 완전히 제거했는지 일부 남아 있는지 자기 자신은 모를 수 있기 때문이다. 모임의 이름은 "W. I. N. D. O.", 또는 "Wise D.O."이다. 일정한 자격을 갖추면 회원이 될 수 있다. 아마도 이 모임에 가입했다는 것 자체가 당신 인생에서 가장 소중하고 큰 힘이 될 것이다. 이는 곧 '현황혜안의결기관'의 한 걸음을 의미한다. 비로소 당신이 당신 인생의 주인으로서 의사결정 내리며 살게 되는 것이다.

특이종신드롬

제2장
주변영향이란 무엇일까?

 본인이 서울대학교 일반대학원 시절에 의사결정에 대해 연구한 바 있다. 관심 있는 사람과 관심 없는 사람은 의사결정과정에서 큰 차이가 있다. 관심 있는 사람은 중심적인 메시지를 토대로 자발적으로 의사결정한다. 이는 '자율적(중심적) 경로'라고 볼 수 있다. 중심적인 메시지란 중요한 메시지를 말한다. 예를 들면 오디오를 선택한다면 음질이라든지, 음의 섬세함이라든지 기능 등을 따져서 의사결정하는 걸 의미한다. 즉 중요한 속성을 고려하는 걸 의미한다.

 반면 관심 없는 사람은 주변단서를 토대로 의사가 결정된다. 예를 들면 오디오를 선택하는 데 얼마나 브랜드가 유명하냐, 색상이 어떠냐 하는 것 등을 판단기준으로 삼는 것이다. 이를 '타율적(주변적) 경로'라고 할 수 있다. 즉 자기의사가 제대로 된 의사결정과정 없이 남이나 다른 사물영향으로 이루어지는 걸 의미한다.

자율적(중심적) 경로는 과학적이고 합리적이라 할 수 있다. 반면 타율적(주변적) 경로는 비과학적이고 비합리적이라 할 수 있다. 쉽게 말하면 자신감 있고 관심 있는 사람은 항상 과학적이고 합리적으로 의사결정 내리고, 자신감 없고 관심 없는 사람은 비합리적으로 의사가 결정되며, 진정한 의미에서 의결이라 할 수 없다. 예를 들면 많은 사람이 보고 있다는 이유로 떨린다면 이는 왜 그럴까? 자신감 없는 사람이 거치는 비합리적인 과정을 거치기 때문이다. 사소한 것이 중요하게 느껴지는 것이다. 이때 사람들이 많이 보고 있다는 것이 자신이 발표하는 것과 무관하다는 것을 깨닫게 하면 합리적으로 바뀌어 자율적 경로를 거치게 되어, 결국 자신감을 회복하게 될 수 있다. 사람들은 실수나 실패를 많이 반복하다 보면 실패의식(Erroneous Zone)에 빠지게 되어 남의 눈치를 살피게 된다. 이러한 실패의식은 학교를 다니게 되면서 선생님한테 잘못했다는 지적을 받을 수 있다는 분위기가 더 커지면서 크게 유발된다.

아마도 인류에게 교육제도가 달랐다면 정신증상이 훨씬 적었을 것으로 짐작할 수 있다. 왜냐하면 대부분의 정신증상은 획일화교육에서 사람들이 실수나 실패를 경험하면서 일종의 슬럼프처럼 실패의식에 빠지게 되면서 생겨났다고 보는 견해가 많다. 사람이 실패의식에 빠지게 되면 주변영향에 쉽게 영향을 받게 된다. 그렇게 되면 주변사람들을 의식하게 되고 현재가 과거나 미래와 다른 걸 의식하게 되면서 생활에 많은 지장을 받게 된다. 이런 증상이 심해지면 발표불안, 대인공포, 우울증, 결벽증, 심해지면 빙의도 생길 수 있게 된다.

따라서 많은 사람 속에서 살다 보니까 이러한 주변영향에서 벗어나서 스스로 올바로 의사결정 내리는 힘을 가지고 있어야 한다. 주변영향을 얼마나 받고 있느냐는 간단히 알 수 있다. 예를 들어 당신이 날씨가 춥다고 느껴서 긴팔을 입고 집밖으로 나왔다. 그런데 사람들이 짧은 팔소매를 입고 다니고 있다. 이때 집으로 다시 들어가서 짧은 팔소매로 갈아입고 집밖으로 나선다면 주변영향을 받은 것이다. 이는 하나도 중요하지 않은 다른 사람들의 영향으로 의사가 결정됐다고 할 수 있다. 이는 타율적 경로를 거쳤다고 할 수 있다. 그런데 다시 생각해 보고 여전히 날씨가 춥다고 판단돼서 그냥 긴팔 입고 출근한다면 이는 주변영향을 안 받은 것이다. 자율적 경로를 거친 것이다. 이처럼 현재상황에서 여러분의 의사결정이 과학적이고 합리적으로 살아서 꿈틀대고 있다면 진정한 의미에서 의결을 하고 있는 것이며, 주변영향을 안 받은 것이므로 자율적 경로를 거치고 있고, 따라서 자신감이 유지되고 있다고 해석할 수 있다.

그러기 위해서는 사람들이 왜 이렇게 주변영향을 받게 되며, 이 영향력들은 실제로 존재하는 게 아니고 과거나 미래, 또는 다른 사람들에게 존재했었던, 그러나 지금 내게는 아무런 의미가 없는 영향력이라는 것을 이해해야 한다. 주변영향은 일종의 종이호랑이인 셈이다. 만일 여러분이 종이호랑이 보고 놀라 있다면 어찌하겠는가? 그게 실제가 아니고 종이라는 걸 인식시키면 될 것이다. 일단 진짜가 아니고 종이라는 걸 알게 되면 두려움이 현저히 줄어들 것이다. 사람들은 영화는 허상인 것을 잘 안다. 그런데 과거도 시간 지나면 존재하지 않는 허상인 것을 잘 인정하지 않는다. 만일 너무 감쪽같아서 꼭 진짜처럼 보인다면 어찌하겠는가? 적어도 의사결정은 흔들려선 안 된다는 거다. 예를 들면 종이에 대고 몽둥이를 휘둘러선 안 된다는 거다. 과거는 사실일 뿐 존재하지 않는다는 사실을 인정해야 한다. 없어진 사실이다. 오로지 현재만 존재한다. 그냥 여러분의 의사결정과 판단을 제대로 하고 있다 보면 어느 순간 두려움은 줄어들고 현재에 집중할 수 있게 되어 자율적 경로를 거쳐 의사결정할 수 있게 되는 것이다. 그렇게 되면 집중력, 자신감이 회복되는 것이다. 주변영향과 자신감은 반비례한다.

　인간의 진짜 모습으로 편안하게 살기 위해서는 주변영향에 흔들리거나 현혹되지 말고, 현재상황을 다른 어떤 상황과도 구분해서 현명하게 의사결정 내리는 습관이 필요할 뿐이다. 많은 철학자들이 사람이 사는 방법을 연구하고, 많은 주장들을 하는데 나의 판단으로는 인간은 주변영향에 흔들리거나 현혹되지 않고 현재상황에서 스스로 지혜롭게 의사결정 내리며 살기 위해 최선을 다하는 게 가장 훌륭한 철학이라고 생각한다.

　이를 '현황철학'이라고 이름 지어 본다. 즉 현재상황을 어느 상황과도 구별하고, 또 '현재의 나'를 '남들이나 과거, 미래의 나'와 구분할 줄 아는 'W.I.N.의결기관'으로 살기 위해 노력하는 게 인간의 최고의 철학이라고 생각한다. 그런데 안타깝게도 세상에는 이 간단한 개념이 없거나 일부분만 있다. 불완전한 철학은 '초인사상'처럼 사람에게 방해만 될 뿐이다. 과거, 미래와 구분해서 현재상황에 대해 내리는 지혜롭고 똑똑한 의사결정능력이 현재에 살아 있으면 되는데 말이다.

대부분 주변영향을 받게 되는 이유는 의사결정의 기준이 '현재'와 '나'에 맞춰져 있지 않기 때문이다. 예를 들면 사격을 할 때 가늠자를 먼저 조종한다. 가늠자가 한쪽으로 삐뚤어져 있다면 당연히 아무리 조종을 잘하고 사격해도 한쪽으로 치우쳐 총알이 나가게 될 것이다. 이처럼 의사결정의 가늠자이며 기준인 '현재'와 '나'가 분명히 제대로 자리 잡고 있어야 의사결정이 제대로 내려질 것이다.

예를 들면 어떤 사람이 몸을 다쳐서 육상기록이 잘 안 나온다고 가정해 보자. 그런데 이 사람의 기준이 과거 다치기 전으로 기준이 맞춰져 있다면 아무리 잘 뛰어도 과거기준과 비교하게 되므로 만족스럽지 않을 것이다. 그 기준을 현재 즉 다친 후로 바꾸어야 제대로 의사결정을 내릴 수 있는 건 당연하다. 또 예를 들면 전교 1등 하는 형을 둔 동생은 형에게 기준이 맞춰져 있다면 아무리 잘해도 전교 1등 하지 않는 이상 못했다고 평가할 것이다. 따라서 어떤 의사결정이건 그 기준이 '현재'와 '나'에게 일단 맞춰져야 제대로 의사결정이 내려질 수 있는 것이다. 이 기준이 삐뚤어져 있으면 아무리 과학적이고 합리적으로 의사결정 내린다고 노력해도 잘못 내려졌을 확률이 높다. 또 다른 예를 든다면 아버지가 자기 아들을 평가한다면 어떻겠는가? 아버지가 채점관이고 여러 지원자들 가운데 자기아들의 입사 여부를 평가한다면 아무리 객관적으로 하려고 해도 쉽지 않을 것이다. 예를 들어 아버지가 의사인데 자기 아들 심장을 수술해야 한다면 어떻겠는가? 다른 의사가 수술하는 게 더 잘할 수 있을 것이다. 이처럼 영향을 받지 않는다는 건 쉽지 않은 일이다. 그런데 영향을 받고 있다는 것 자체를 모르고 있다면 아무리 정신을 차리고 지혜로워지려 해도 그게 잘 안 될 수 있다. 일단 우리는 영향 받고 있다는 걸 알아야 하고, 구분하기 위해 노력한다면 최고의 의사결정을 내릴 수 있는 것이다.

이 책에서 '현황혜안의결' 즉 'W.I.N.의결'은 다음 세 가지를 강조한다.

첫째, 지금 이 현재상황은 어느 상황과도 다르므로 지혜롭고 합리적으로 의사결정 내려야 한다. 둘째, 그 기준이 과거, 미래상황에서 벗어나서 '현재상황'에 맞춰져야 한다는 것이다. 그리고 마지막 셋째, 이 지구상 어느 누구도 아닌 '자기 자신'에게 기준이 맞춰져야 제대로 의사결정 내릴 수 있는 것이다. 이 세 가지를 동시에 제대로 갖춘다면 비로소 실패의식으로 생긴 불안, 초조, 스트레스를 물리칠 수 있는 것이다. 그러나 사람인지라 내가 다른 사람과 다른데도 불구하고 완전히 주변영향을 완전히 물리치기란 어려울 수 있다. 막연히 일반최면만으로는 절대로 이 불안, 초조의 근본인 실패의식을 완전히 없애기가 어려운 것이다. 설령 최면을 한다 해도 '현재'와 '나'를 되찾을 수 있는 최면을 해 주어야 한다. 가장 중요한 것은 깨우치는 것이다.

이 내용을 충분히 이해하고 소화해서 'Wise decision', 'I', 'Now' 세 가지를 생활화하는 사고방식을 가진다면 비로소 성공할 자격을 갖췄다고 할 수 있다. 그 첫 글자를 따서 "W.I.N."이라고 이름 지었다.

제1절 실패의식(Erroneous Zone)

실패의식이란 또 실패할까 봐 두려워하는 마음이다. 사람이 실수나 실패를 경험하는 건 학교를 다니면서부터라고 한다. 학교에서는 여럿이 공부하다 보니 서열을 매기게 되고, 단체를 통제하다 보니 잘못했음을 지적하게 되고, 남들을 따라 하게 강요한다. 그러다 보니 남들과 다른 현상을 스스로 실수나 실패로 치부하게 되고 또 그렇게 될까 봐 걱정하게 된다. 이 과정에서 실패의식이 형성되고, 심한 경우 마치 슬럼프와 같은 기간을 거치게 된다. 그 기간이 장기화되다 보면 마치 성격처럼 굳어지게 된다. 그래서 결국은 과학적이고 합리적인 의사결정 없이 무작정 남들과 같아지려하고, 다르면 불안해지는 심적 상태에 빠지게 되는데 이를 실패의식(Erroneous Zone)이라 한다. 심리학자들의 분석에 따르면 학교생활을 거치다 보면 최상위 몇 프로만 제외하고 대부분 실패의식에 빠지게 된다고 한다. 그런데 그 최상위 몇 프로마저도 서울대학교 학생들을 상대로 조사한 결과 또 다른 형태의 '주변영향' 상태에 빠져 있다고 한다.

사람들은 자기도 모르는 사이에 다른 사람들로부터 많은 영향을 받고 있다. 가끔 TV에서 '자연인'이라는 프로그램을 보면 사람들이 사람과의 인연을 끊고 혼자 산속에 들어가 살고 있는 것만으로도 많이 건강해지고 편안해지는 걸 볼 수 있다. 그만큼 주변사람들로부터 많은 영향을 받고 있고 그 영향만 없앴는데도 벌써 여러 가지로 좋아지는 걸 볼 수 있는 것이다. 하지만 떨어져 있다는 것만으로 주변영향을 완전히 없애기란 쉽지 않다. 그리고 사람들 속에 있어도 올바른 방법으로 노력한다면 이 주변영향을 혼자서도 훈련을 통해 극복하는 게 가능하다.

일단, '진아'를 찾기 위해 먼저 '현아' 즉 '지금의 나'를 느껴 봐라. 즉, 지금 당신이 어디서 뭘 하고 있으며 어떤 감정 상태인가를 느껴 봐라. 그리고 그 감정상태 중에 어떤 주변영향이 섞여 있는지 느껴 보라. 그리고 어떤 사람에 대한 스트레스가 당신에게 영향을 주고 있는지 알아보라. 그리고 그러한 사람들을 무작정 마음속에서 없애려고 애쓰지 마라. 다만 여러분이 남들과 다르며 특이한 존재라는 걸 똑바로 인식하라. 남들에게 맞는 게 당신에게는 맞지 않는다

는 걸 깨달아라. 그러다 보면 남들의 영향을 없앨 수 있게 되는 것
이다.

당신의 목표를 일단 주변요인들을 마음속에서 없애는 것에만 두
지 말고, 당신이 남들과 매우 달라서 당신에게 특별히 맞도록 과학
적이고 합리적인 의사결정을 내리는 것에 둬 보라. 이것이 대단히
중요한 대목이다. 대부분의 사람들이 주변요인들을 마음속에서 없
애려고만 하기 때문에 실패하는 것이다. 중요한 것은 당신이 남들과
종자 자체가 다르며 특별하다는 걸 잊지 않고, 합리적인 의사결정을
뺏기지 않으면 되는 것이다. 진아란 바로 합리적으로 의사결정 내리
는 그 자체를 의미한다. 진아는 감각기관이 아니다. 이를 착각하면
안 된다.

지금 당신의 공포심은 모두 종이호랑이를 보고 두려워하고 있는
것과 같은데, 그 두려움을 굳이 없애려고만 최면하고 난리칠 필요가
없다는 거다. 그게 종이라는 걸 똑바로 인식했으면 "잘 그렸다" 하
면서 감탄하면 되는 거다. "하마터면 진짜인 줄 알 뻔했네"라고 생
각하면 그뿐이다. 스스로의 합리적인 의사결정능력만 뺏기지 않고
유지하고 있으면 언제 그랬냐는 듯이 종이호랑이는 허상이므로 없
어지고 현재에 집중할 수 있게 되는 거다. 허상보다 무서운 건 실상
이다. 암시는 거짓말이고 인위적이라고 믿기 때문에 효과가 한계가
있다. 가급적 실제 생각으로 극복하려 애쓰라.

만일 중간쯤 성적이 되는 어떤 학생이 '나는 전교 1등이다'라고 암

시했을 때와 실제로 전교 1등 하는 학생과는 어떤 차이가 있을까? 실제로 전교 1등 하는 학생은 1등 한다는 생각을 별로 안 할 거다. 왜냐하면 사실이니까. 아무리 암시효과가 커도 사실을 절대 이길 수 없다. 따라서 가장 좋은 암시는 실제 생각이다. 실제로 전교 1등 할 수 있다고 생각하는 게 최고의 암시인 거다. 그리고 진짜 생각해 보라. 지금은 과거가 아니다. 당신이 전교 1등 못 하라는 법이 있는가? 아직 안 했을 뿐 아닌가? 이제 보여 주면 되는 거 아닌가? 그렇게 해야만 살 수 있다면 하게 되지 않을까? 정해진 과정을 거치면 예외 없이 당연히 정해진 결과가 나온다.

실패의식이란 자기의 합리적인 의사결정능력이 상실되고 타율적 경로를 거쳐 의사결정하므로 의결 자체 즉, 진아가 없어진 상태이다. 당연히 자신감이 바닥인 상태이다. 남의 결정을 무작정 따르려는 경향, 남과 같아지려는 경향, 정해진 비과학적인 법칙을 만들어서 따르려는 경향 등을 의미한다. 사람에게 가장 중요한 능력은 그때그때 스스로 합리적으로 의사결정해서 나아가는 능력인데, 그 능력을 버리고 이상한 법칙을 만들어서 그걸 따르려고 하니 얼마나 힘들겠는가? 세상에는 절대적인 법칙은 절대로 존재하지 않는다. 그리고 그때그때 스스로 판단하는 것만큼 중요하고 필요한 능력은 없다. 그런데 어떤 아이들의 경우에는 "너 어떤 사탕을 좋아하니?" 하고 물어보면 "엄마, 나 어떤 사탕 좋아하지?" 하고 되묻는다. 얼마나 기괴한 광경인가? 자기 자신이 뭘 좋아하는지를 모를 수 있을까? 이제 깨달아야 한다. 지금 당신의 인생에 관한 한 어느 누구의 의견보다 지금 당신의 의견이 가장 지혜로울 수밖에 없다는 사실을 명심해야 한다. 누가 당신의 인생 속사정을 당신만큼 잘 알겠는가? 그런데 자꾸 그때그때 판단하는 일을 멈추고, 이상한 법칙을 따르려고 하니 어떤 결과가 나오겠는가? 가장 현명한 '지금의 당신'이 눈을 감고 있는데 어떻게 좋은 의사결정을 기대할 수 있단 말인가?

예를 들어 보겠다. 육이오사변 때 어떤 한국군 몇 명이 동굴 속에 피신해 있었다고 한다. 그런데 동굴 밖에서 북한군들이 동굴 안으로 수류탄을 던졌다고 한다. 정신을 바짝 차리고 가만히 보니까 수류탄 날아오는 게 보이더란다. 그래서 한국군이 'M16'총의 개머리판 중 넓적한 부분으로 수류탄을 야구하듯이 밖으로 하나하나 쳐 냈단다. 그러다 보니 살아남을 수 있었단다. 그 상황에서 수류탄이 모두 동굴 안에서 터졌다면 어찌 됐겠는가? 이처럼 사람은 위기 시에 현황철학을 몰라도 남들 영향과 과거, 미래 영향, 부정적인 고정관념에서 저절로 벗어나서 현재상황에 집중하게 돼 있다. 위기 시에는 순간적으로 주변영향이 없어졌으므로 자신감이 높아졌다고 볼 수 있다. 우리는 위기시가 아니더라도 집중력, 자신감을 높이고 현명해지기 위해 현황철학을 공부할 뿐이다. 그게 가장 이상적인 삶의 과정이기 때문이다.

또 다른 예를 보겠다. 얼마 전에 어떤 책 중에 '끌어당김의 법칙'이라는 내용이 소개된 바가 있는 걸로 안다. 그래서 많은 사람들이 얼마나 많이 끌어당기다가 어떻게 됐는지 알고 싶지도 않다. 결과는 뻔하지 않은가? 얼마나 머리가 아팠을까? 그래도 마음 한구석에서는 얼마나 믿고 싶었겠는가? 그냥 끌어당기고만 있으면 성공이 온다니 얼마나 고마웠을까? 하지만 내가 볼 때는 여러분을 더욱 불안하게 만드는 '주변영향'일 뿐이다. 마음속으로 끌어당기고만 있다면 볼펜 하나도 움직이기 힘들다. 당연한 거 아닌가? 당신 스스로가 명확한 과학이라고 납득이 되지 않는데 어떻게 그게 성공을 부르리라고 무책임하게 믿어 버릴 수가 있는가? 그 비과학을 믿고 있으니 어떻게 성공할 수 있겠는가?

여러분이 거치는 과정을 하나하나 분석하면 성공할지, 실패할지, 금방 알 수 있는 것이다. 예를 들어 보자. 골프코치가 골프선수가 우승할지, 아닐지 금방 알 수 있다. 뭘 보면 알까? 그건 당연히 한 샷을 보면 알 수 있는 것이다. 한 스트로크, 즉 골프채 한 번 휘두르는 걸 보면 금방 알 수 있다. 그 한 번의 과정 속에 모든 게 녹아 있기 때문이다. 그래서 유능한 코치라면 그 샷을 교정해 줄 것이다. 한 걸음, 그 속에 진리가 있다. 그때그때 잘 판단하고 잘 나아 갈 수 있게 만들어 주는 것이야말로 최고의 가르침인 것이다. 인간의 가장 이상적인 한 걸음, 집중력·자신감을 높이는 방법, 그것이 바로 'W.I.N.'의결이다. 즉 '특이종이 추구하는 현황혜안의결'이다.

여러분이 가진 그 무엇도 여러분이 한발 한발 나아가는 데 방해가 된다면 그건 절대로 좋은 게 아니다. 어떤 책, 어떤 가르침도 여러분이 한 걸음 한 걸음 나아가는 데 도움이 될 수 있다는 확신이 들 수 있어야 좋은 것이다. 여러분 주변에 과연 그런 가르침이 얼마나 있는가? 한 과정 한 과정에 도움이 안 된다면 그건 여러분에게 잡념인 것이다. 괜히 기분만 좋게 해 주는 잡념, 여러분을 실패로 안내해 주는 가이드인 것이다. 최면도 W.I.N.의결이 되지 않으면 잡념이 될 수 있다.

여러분이 이 책을 읽으면서 여러분에게 진정으로 도움을 주는 가르침이 어떤 것일지 잘 파악해 주기 바란다.

제2절 주변영향의 종류

1. 사람, 사물

사람은 사람에게서 가장 많은 영향을 받는다. 특히 같은 부류라고 인식되면 더 큰 영향을 받는다. 전술한 바와 같이 시험을 못 봐서 실패했다고 느끼게 되면 슬럼프 같은 이상한 실패의식에 빠지게 돼서 스스로 결정을 못 하고 무작정 남을 따라가려고 하는 타율적 경향이 생기게 된다. 공부를 잘하려면 공부를 하면 되는데, 무작정 책만 펴 놓고 말도 안 되는 헛짓거리에 열중한다. 그러면서 4당 5락이니 하면서 책상 앞에 남들처럼 오래 앉아 있는 걸 자랑하면서 안심한다. 보이기 위한 공부는 대부분 성과가 안 좋다. 실제로 책을 아무 데나 펴서 체크해 보면 얼마나 공부가 됐는지 금방 알 수 있는데 말이다.

　사람에게 성공의 기억보다는 실패의 경험이 열배정도 더 큰 영향을 미친다. 한 번의 실패경험은 그 사람을 파멸시킬 수도 있을 정도이다. 실패의 충격은 그 사람의 머릿속에 다른 사람들을 얼마나 같은 부류로 해석하느냐에 달려 있다. 만약 당신이 저기 아프리카에 가서 그 지역 놀이를 다른 아프리카 사람보다 잘못해도 마음에 큰 상처를 받지는 않는다. 왜냐하면 객지이기 때문이다. 아프리카이기 때문에 같은 부류의 사람으로 생각되지 않기 때문에 영향을 덜 받는 것이다. 다소 성적이 안 좋아도 그러려니 하게 된다.

　우리말에 '객기'라는 말이 있다. 평소 못 하던 일도 객지에서는 더 용기를 낼 수 있다는 뜻이다. 그런데 실제로 주변을 둘러보라. 당신과 똑같은 사람은 단 한명도 없다. 당신은 이 지구라는 별에 '소풍 나온 특이종'이라고 생각한다면 좀 실패했다고 해서 큰 충격을 받는 실패의식에 쉽게 빠지지 않을 것이다. 당신에게 아프리카뿐 아니라 이 지구상 어디도 다 객지다. 당신과 같은 종자는 당신 하나뿐이다. 당신은 이 지구상 어느 누구와도 다른 게 원칙이다. 당신을 이 지구상 어느 누구와도 구분할 줄 알아야 한다. 당신은 어느 누구와도 다른 종자가 아닌가? 미운 오리새끼가 실제로 자기 모습을 모른 채 오리들 속에서 힘들어하고 있는 것이다. 이제 스스로가 백조인 것을 인식하고 날개를 활짝 펼 때가 되었다. 자신감을 가질 때가 됐다. 스스로 남들과 종자 자체가 다른 특이종인 것을 인식해서 남들과 구

　　　　　　　　　　　　　　　　특이종신드롬

분하지 않으면 절대 자신감을 가질 수 없다.

사람 영향은 의외로 심각하다. 남녀 간에 실연당하는 것도 결국은 좌우가 같아야 한다는 실패의식에서 나오는 것이다. 내가 널 이만큼 좋아했으니 너도 날 그만큼 좋아해야 한다는 이퀄리즘인 것이다. 실패의식 중에서 가장 심각한 게 좌우가 같아야 한다는 생각이라 내가 '이퀄리즘'이라고 이름 지었다. 그런데 재미있는 것은 이퀄리즘을 부수면 즉, 좌우가 같지 않아도 된다는 생각을 갖게 되는데, 이는 자신감 많은 사람들의 특징이 된다. 그래서 상대와 다른 반응을 보이는 사람에게 소위 매력 있다고 하면서 빠지게 되는 것이다.

3만 원어치 선물을 받았으면 3만 원어치 뭔가를 줘야 한다는 생각이 이른바 이퀄리즘이며 곧 이는 'Erroneous Zone'의 하나이다. 이 좌우등식이 깨지면 실패의식에 빠진 사람들은 불안하게 된다. 즉 뭔가를 받았는데 주지 못하면 불안하게 되고 계속 받기만 하다 헤어지게 되면 자꾸 생각나게 되는데 이게 사랑인 걸로 착각하게 된다. 이는 받은 만큼 주지 않아서 좌우등식이 깨져 이퀄(Equal)이 성립 안 되는 상태일 뿐인데 말이다.

여러분이 아프리카 사람에게 뭔가를 기부한다면 그 사람이 당신에게 뭔가를 안 준다고 해서 불안하지는 않을 것이다. 왜냐하면 같은 부류의 사람으로 인식하지 않기 때문이다. 즉 스트레스가 없는 것이다. 여러분이 개를 키울 때 여러분만 계속 먹이를 주고, 개는 여러분에게 먹이를 안 준다고 해서 개보고 '얌체'라고 부르지는 않는다. 즉 아무런 스트레스를 받지 않는다. 그래서 애완견을 키우면 정서안정에 도움이 된다는 거다. 서로 다른 종자이다 보니 스트레스가 없다. 그런데 여러분이 사회생활을 할 때도 모든 개개인이 다 특이종이란 걸 이해하면 훨씬 스트레스가 줄어들 것이다. 만약 여러분이 마치 개나 고양이에게처럼 이퀄리즘을 완전히 부숴 버린다면 여러분과 상대하는 사람들은 여러분에게 엄청난 매력을 느끼게 될 것이며 나아가 스트레스가 해소될 것이다.

　사람은 대표적인 주변영향이다. 혼자 할 때와 사람이 보고 있을 때, 영향이 다르다. 대체로 혼자 할 때는 곧잘 하다가도 사람들 앞에서는 긴장한다. 골프 스윙도 연습 때는 잘하는데 필드에 나가 사람들 앞에서 하면 긴장하고 실수나 실패를 더 잘하게 된다. 만일 애완견이 보는 앞에서 하면 긴장 할까? 달려들지 못하게 묶어 놓는다면 애완견 앞에서 하나도 긴장하지 않고 스윙을 잘 할 것이다. 애완견은 다른 종자로 느끼기 때문에 아무 영향을 안 받고 잘할 수 있는 것이다. 따라서 필드에서도 다른 사람들이 다른 종자들이라는 걸 잊어버리지 말고 샷을 한다면 편안하고 느긋한 마음으로 할 수 있다. 다른 사람들과 당신을 각자 다른 특이종이라고 생각해라. 달라도 너무 다른 특이종이다.

　그것이 집중력, 자신감을 되찾는 좋은 방법이며 다른 사람들의 부정적인 영향을 없애 준다. 즉 실패의식의 하나인 이퀄리즘을 없애면 자신감이 향상되는 것이다. 그리고 그것은 사실 아닌가? 다른 사람은 당신과 다른 종자 아닌가? 어디가 달라도 다르지 않는가? 당신의 허벅지를 꼬집어 보라. 옆 사람은 하나도 안 아프고, 당신만 아플 것이다. 일이 잘못되면 당신만 힘들 뿐이다. 당신은 당신의 유일한 주인이며 진정으로 책임질 사람이다. 당신의 사정, 당신의 상황은 지금 당신이 가장 잘 아는 게 당연하다.

　최면암시란 암시를 통해 사람을 변화시키고자 하는 것이다. 그렇다면 최고의 최면암시란 무엇일까? 그것은 바로 '사실'이다. 즉 사실을 암시할 때 가장 효과가 큰 것이다. 만일 '할 수 있다'라고 암시했는데 속으로는 '나를 고치기 위해 거짓말하는 거야'라고 생각한다면 당연히 큰 효과를 보기 어렵다. 사실을 말할 때 효과가 커지는 거다. 그런데 옆 사람과 당신은 정말로 다른 '특이종' 아닌가? 생각도 다르고, 취향도 다르고, 키도 다르고, 얼굴도 다르고 다 다르다. 오히려 같은 게 있다면 신기할 뿐이다. 이렇게 다른 게 사실 아닌가? 다만 당신이 실패의식에 빠져 같은 종자로 착각하고 있을 뿐이다. 왜 같아야 하는가? 다른 게 원칙이다. 다른 게 원칙인 걸 알면 영향을 받아도 덜 받게 된다. 그래서 아는 게 중요한 거다. 시험을 봤는데 같은 88점이면 이상하지 않는가? 다른 게 원칙이다. 같으면 신기한 거다. 자꾸 실패하다 보니 무작정 같은 종자로 착각하고, 비슷해지려 애쓸 뿐이다.

　다시 정리하면 사람이 실패를 거듭하면 자신감을 잃게 되고, 그러다 보면 '무작정 남들과 비슷해지려는 실패의식'에 빠져 스스로의 과학적이고 합리적인 의사결정을 포기하게 된다. 이때 남들과 나는 다른 종자인 걸 상기시켜 무작정 같아지려는 실패의식에서 벗어나게 해서 자율적 경로를 거치는 의사결정과정을 되찾으면 자신감을 회복 할 수 있게 된다. 자신감과 실패의식은 반비례관계에 있기 때문이다.

'자신감 있는 상태'란 '주변영향에서 완전히 벗어나서 혼자 무심하고 편안하게 의사결정을 내리고 있는 상태'이다. 자신감 있는 상태란 정지된 상태가 아니고 벗어나 있는 상태다. 주변영향에서 끊임없이 벗어나서 실패의식에서 자유로워진 상태이다. 즉 힘이 빠져서 편안한 상태로 무심해진 상태가 가장 자신감 있는 상태라 할 수 있다.

구체적인 예를 들어 보겠다. 발표불안을 예로 들어 보겠다. 발표불안 있는 사람이 발표를 하고 있다고 가정하자. 자 이 사람이 발표를 하면 목소리가 떨리고 불안감에 휩싸이게 될 것이다. 왜 그런가 하면 당신은 어느 누구와도 다르고 특별한데도 불구하고 듣는 사람들의 의견과 자신의 발표가 같아야 한다는 이퀄리즘에 빠져 있기 때문에 떨리는 것이다. 자신의 자율적 경로가 마비되어 있고, 오로지 타율적 경로만이 살아 있어 불안하게 느끼는 것이다. 이렇게 다른 게 원칙인 걸 알면 자율적 경로가 회복되어 영향력이 훨씬 줄어든다.

이퀄리즘은 실패의식의 하나로 무작정 같아지려는 경향을 말한다. 이때 발표자가 듣는 사람과 종자가 다르다는 걸 확실하게 깨닫는다면 어떨까? 훨씬 떨리지 않을 것이다. 물론 연습이 필요하다. 평상시 '특이종'으로서의 태도를 유지하는 게 중요하다. 멀리 아프리카나 객지에 혼자 여행 와 있는 것처럼 편안한 상태면 자신감 있는 상태라 할 수 있는 것이다. 어쨌건 떨리는 이유는 같은 종자로 착각하기 때문이다. 다른 종자라는 걸 제대로 인식만 하면 자율적 경로가 살아나서 훨씬 덜 떨리고 자신감을 회복할 수 있게 된다. 왜냐하면 같은 종자끼리만 영향을 미친다는 걸 스스로 잘 알기 때문에 다른 종자라는 게 인식되면 영향을 안 받게 되기 때문이다.

남들이 돈 벌려 애쓰니까 나도 무작정 그런 건 아닌지 생각해 볼 필요가 있다. 모르긴 해도 이미 당신도 학교교육을 받았다면 어느 정도는 실패의식에 빠져 있다고 봐야 할 것이다. 따라서 스스로 이 지구상에 나랑 똑같은 존재는 나 하나뿐이라는 걸 수시로 생각해 볼 필요가 있다. 무작정 남의 영향을 받는 걸 견제할 필요가 있다. 실패의식에 빠진 사람들이 사기를 많이 당하게 된다. 다들 그러니까 안 따라 하면 안 될 것처럼 유도해 나가서 결국은 사기 당하게 된다. 항상 남들과 나를 구별하고 구분하고 거리를 두고 자주독립하라. 당신은 특이종이다. 남들을 무작정 따라 하면 불안감을 떨쳐 버릴 수 없다. 자신감을 회복할 수 없다. 왜냐하면 남들은 당신의 속사정을 당신만큼 절대로 알 수 없기 때문이다. 당신을 진정으로 책임져 줄 사람은 당신 자신뿐이다.

그리고 나아가서 남들도 특이종인 걸 잊으면 안 된다. '특이한 종자네'라는 말을 입에 달고 살아라. 세상 모든 사람이 특이한 종자다. 이 생각을 가지고 사람을 상대하다 보면, 쉽게 감정이 상하지도 않고 나중에는 이해심까지 생기는 걸 알 수 있다. 대인관계의 기본은 바로 남을 '특이한 종자네' 하고 상대하는 거다. 그러면 상처받을 일도 없고, 사기 당할 일도 없다.

물론 부녀지간, 부자지간, 부부지간, 친구 사이, 애인 사이, 직장동료들까지도 항상 '이 사람 참 특이한 종자네'라는 생각을 가지고 상대해야 한다. 잠시라도 망각해선 안 된다. 그게 당신에게서 실패의식에서 벗어나게 해서 자신감과 여유를 갖게 해 준다. 그래서 올바르게 의사결정할 수 있게 해 준다.

사물에 대한 의견도 마찬가지다. 예를 들어 상금 1억이 걸려 있어서 무작정 상금을 따려는 마음이 앞서면 당연히 특이종이 추구하는 현황혜안, 즉 W.I.N.의결을 방해하게 된다. 그렇게 되면 현명한 의사결정을 내리기 어려워진다. 즉 상금에 눈이 어두워 최선을 다할 수 없게 만드는 거다. 실제로 사람이 사는데 그렇게 큰돈이 필요할까? 돈이 있다면 도움이 되겠지만 눈이 어두워지면 안 된다. 다른 종자들에게는 모르겠지만, '나'라는 특이종에게 과연 얼마나 돈이 필요할지 깊이 생각해 볼 필요가 있다. 그래서 남들처럼 무작정 돈을 벌려는 경향에서 벗어나야 제대로 승리에 필요한 과정을 거칠 수 있다. 남들이 갖는 마음을 무작정 따라 갖지 말아야 한다. 이제는 특이종답게 다른 종자와 구분해서 새로 해석하고 새로 정립할 필요가 있다.

현재의 당신이 남들과 또 과거, 미래와 다른 특이종이라는 생각은 당신의 인생 자체를 완전히 바꿔 놓을 것이며, 그게 바로 당신의 진짜 인생인 것이다. 이제 비로소 당신은 당신의 인생을 제대로 살 자격을 갖춘 셈이다.

남들의 영향은 남들에게는 맞지만 당신에게는 부정적 영향인 경우가 대부분이다. 예를 들어 백 미터 달리기선수에게 남들의 기록은 자극제가 될 수 있다. 하지만 한편으로는 그 이상은 뛸 수 없다는 부정적 암시가 될 수도 있는 것이다. 그래서 남들의 영향을 모두 제거하고 자신에게 필요한 암시는 본인이 그 기준을 새로 정해 주는 게 좋다. 구두닦이가 서울대 가는 건 모두에게 불가능하다는 암시였을지 모른다. 다른 사람들의 의견을 받아들여 시도조차 하지 않았다면 정말 불가능해지는 거다. 하지만 자신의 가능성을 스스로 결정하고 도전했기 때문에 실제로 가능해지게 되는 거다. 당신은 어느 누구와도 다르다. 다른 사람이 못 했다고 해서 당신도 못하라는 법은 없다. 실제로 구두닦이 하다가 서울대에 들어간 사람이 있다고 나도 얼핏 듣기만 했는데 아마도 그 사람은 학교교육을 안 받았기 때문에 실패의식이 덜 생긴 상태라서 가능했을지 모른다. 따라서 여러분이 'W.I.N.의결기관'사상을 제대로 이해해서 여러분 것으로 소화한다면 실패의식을 현저히 줄일 수 있어 자율적 경로를 회복할 수 있게 된다. 그러면 여러분에게 불가능이 없을 것이다.

쉽게 말하면 집중력, 자신감이 뛰어난 사람은 이처럼 '원'공부를 하지 않아도 이미 주변사람들과 구분하고 분리하고 독립돼 있다는 걸 알 수 있다. '너는 너고, 나는 나다'라는 사고방식은 능률을 높이기 위해 대단히 필요한 사고방식인 것이다. 어떤 이들은 이런 사고방식에 대해 버릇없는 사고방식으로 치부하는 경향이 있는데, 이는 그렇지 않다.

남들 모두 어른을 공경하지 않아도 '나는 어른들을 공경해야겠다'고 생각한다면 이는 예의 바른 것 아니겠는가? 스스로의 사고와 판단이 집중력, 자신감의 원동력이다. 1등 할 필요성을 절실히 느껴야 1등 할 수 있는 것이다. 남들을 따라 해서는 절대로 1등을 할 수 없다.

2. 과거, 미래

과거, 미래는 중요한 주변영향에 해당한다. 왜냐하면 대부분의 사람들이 현재에 과거, 미래에 대한 생각으로 시간을 낭비하고 있기 때문이다. 과거, 미래에 집중하는 만큼 실패의식영향을 받게 된다. 일단 실패의식에 빠진 사람들은 과거의 내가 현재의 나와 다르기 때문에 많은 스트레스를 받게 된다. 왜냐하면 일단 실패의식에 빠지면 이퀄리즘 증상이 커져서 과거, 현재가 비슷해야 불안감이 해소되기 때문이다. 예를 들면 과거 연인과 사이좋게 잘 지냈는데 헤어졌다면 과거와 현재가 다르게 된다. 이렇게 과거, 현재가 다르면 실패의식에 빠진 사람들은 불안감을 느끼게 되고 그 불안감을 줄이기 위해 과거에 집중하면서 어떻게 했으면 안 헤어졌을까를 회상하게 된다. 그리고 이상한 상상을 하면서 다시 만나게 되는 장면을 떠올린다든지 하는 상상으로 과거, 현재를 같아지게 만들려 애쓴다.

이럴 때 실패의식에서 벗어나려면 현재와 과거가 분명히 다른 상태인 걸 확실하게 스스로 인식하고, 현재의 행위를 남들이나 과거가 아니라 스스로 결정할 수 있어야 한다. 현재의 행위가 과거에 의해 조종되는 한 여전히 실패의식에 빠져 있다고 할 수 있다. 현재상황을 남이나 과거와 같은 주변영향이 아닌 스스로의 과학적이고 합리적인 의사결정에 의해 대처할 수 있다면 가장 이상적인 상태라 할 수 있다. 과거 10등 했으므로 이번에도 10등 정도 하려 마음먹는다면 대표적인 실패의식이라 할 수 있다. 이번의 등수는 스스로 정할 수 있어야 한다. 이번에야말로 3등 안에 들어 보겠다든지, 아니면 이번에는 집안에 일이 많아 15등 정도로 만족한다든지 하는 식으로 10등이라는 과거의 기록에서 자유로울 수 있어야 한다. 과거에 엄마 생일에 10만 원 선물을 했다면 올해에는 100만 원짜리 생일 선물을 줄 수 있어야 비로소 '특이종'이 됐다고 말할 수 있는 것이다. 진정한 '특이종'은 과거와 현재를 구분할 줄 알아야 한다.

현재의 나는 과거의 나와 모든 게 다르다. 그런데 과거에 얽매여서 움직인다면 아직 자율적 의사결정 상태에 진입하지 못한 것이다. 과거라는 타율에 의해 지배되고 있다고 볼 수 있는 것이다.

현재 스스로 의사결정해서 움직이는 기능이 살아 있어야 이퀄리즘과 같은 주변영향이 영향을 못 미치게 되는 것이다. 만약 한 나라의 의사결정기능이 마비된다면 어찌 되겠는가? 이상한 집단이 영향을 미치게 될 것이 뻔하다. 사람도 자율의사결정기능이 살아 있어야 실패의식이 영향을 못 미치게 되는 거다. 따라서 우리의 자율의사결정기능은 항상 살아 있어야 주변영향들이 무기력해진다. 지금 이 순간 당신의 자율의사결정기능은 살아 있는가? 만일 그렇지 못하다면 주변영향들의 공격을 받고 있다는 걸 의미한다.

3. 고정관념 및 기타 등등

고정관념 및 편견, 선입관 등도 불합리한 주변영향에 해당한다. 실패의식이 심해지면 여러분이 스스로 의사결정 내려서 제대로 행동하는 걸 주변영향이 방해하게 된다. 예를 들면 사업계약을 해야 하는데 상대가 전라도 사람이라 계약을 안 한다든지 하는 것 등이다. 지혜로운 의사결정이 아니라 비과학적인 규칙이나 단서에 따라 의사결정을 내려 버리는 걸 말한다. 어떤 사람은 시험 끝날 때까지 손톱을 안 깎는 사람도 있고, 시험날은 계란을 안 먹는 사람도 있고, 미역국을 안 먹는 사람도 있다. 이런 비과학적인 생각이 있을수록 과학적인 의사결정이 방해받게 된다. 특히 중요한 건 '현황혜안의결' 즉 '원의결'을 방해하면 안 된다는 거다. 공부하는 하루하루 어떻게 하면 1등 할 수 있을까? '지금 이 현재상황에서 특이종으로서 내가 뭘 어떻게 얼마나 어떤 마음으로 해야 1등 할 수 있을까?' 하면서 W.I.N.의결을 추구하고 있는데, 객관식문제에서 가장 긴 문항이 답이라든가, 한번 쓴 걸 고치면 틀린다든가 하는 비과학적인 신념을 고집하면 안 된다는 거다. 모든 고정관념을 내려놓고 과학적이고 합리적인 의사결정을 거쳐 실행에 옮겨야 할 것이다.

여러분의 머릿속은 한정되어 있으므로 비과학적인 실패의식의 비중이 커져 주변영향들이 많아질수록 자연히 과학적인 의사결정의 비중이 줄어드는 것이다. 주변영향으로 윈의결이 줄어들수록 정신적으로 건강하지 못한 것이다. 따라서 주변영향을 줄일수록 눈에 보이진 않지만 그만큼 자신감이 많아져 과학적인 의사결정을 더 많이 할 수 있게 되는 것이다. 주변영향과 'W.I.N.의결'은 서로 반비례한다고 이해하면 될 것이다. 잠시라도 윈의결을 하고 있지 않다면 이는 당신이 이미 주변영향에 따라 움직이고 있다는 걸 의미한다.

윈의결을 하고 있는 상태가 정신적으로 건강한 상태이다. 초인사상이 실패한 이유는 의사결정을 초인사상이 방해했기 때문이다. 데카르트가 말했다던가? '생각한다. 그러므로 존재한다'고. 생각하는 것이 곧 의사결정하는 것이다. 그러므로 의사결정이 멈추면 건강하게 살아 있다고 보기 힘들다. 머지않아 정신증상에 시달릴 것이다.

늘 'W.I.N.'의결기관으로 살아라. '현황혜안의결기관'으로 살아라. 사람 스스로를 하나의 의사결정시스템으로 생각하라. 의결시스템에는 눈, 코, 귀, 피부 등과 같은 '감각기관', '신경처리기관', '의결기관' 등이 있다고 분류해 볼 수 있다. 오감을 통해 여러 정보가 '감각기관', '신경처리기관'을 거쳐 '의결기관'에 정보전달이 된다. 그런데 정보전달이 된다고 해서 무조건 '의결'에 영향을 미치지는 않는다. 여러 감각 및 정보전달을 참고하여 '의결기관'이 결정을 내린다. '의결기관'이 훌륭할수록 한두 감각 및 정보에 크게 의존하지 않는다. 왜냐하면 종합적인 검토가 필요하기 때문이다. 즉 불안하다고 쉽게 반응하면 훌륭한 '의결기관'이라고 할 수 없다. 의결기관은 감각기관이나 처리기관이 아니기 때문이다. 때로는 불안이나 공포가 감각이나 정보로 전해져도 흔들리지 않을 수 있어야 진정한 '의결기관'이라 할 수 있다. 이 점을 명심해야 한다. '의결기관'은 '감각기관'이 아니다. '의결기관'은 대장이다. 모든 감각에 일일이 반응한다면 훌륭한 의결을 내릴 수 없다. 오히려 둔감할 수 있어야 한다. 감각을 무시할 수 있어야 한다.

그래야 성공적으로 의결을 내릴 수 있으며, 불안에 휘둘리지 않을 수 있고, 집중력, 자신감을 회복할 수 있으며, 공부나 일도 잘할 수 있고, 잠도 숙면을 취할 수 있다. 윈 개념을 잘 이해하고 여러분 것으로 완전히 소화하기 위해 W.I.N. D.O.와 함께하라. 잠시라도 등한시하면 곧 주변영향들이 밀고 들어올 것이 뻔하기 때문이다.

제3절 주변영향은 대인공포, 발표불안, 우울증, 불면증, 빙의 등등을 유발한다

　실수나 실패를 많이 할수록 실패의식이 많아지고 그 결과 주변영향력이 커져 지혜로운 의사결정을 할 수 없게 방해한다. 이렇게 되면 주변요인들이 당신을 밀어 내고 주인 자리를 차지하게 된다. 더 중요한 건 당신이 인지하지 못한다는 사실이다. 그러다가 이 실패의식이 많아지다 한계를 넘어서면 발표불안, 대인공포, 우울증, 불면증 등을 유발하게 된다. 실패의식의 가장 큰 특징은 다른 사람들과 무작정 같아지려 애쓰거나, 무작정 현재가 과거나 미래와 같아져야 한다고 생각하면서 윈의결을 안 하게 만드는 것이다. 수없이 많은 사람들을 최면상담한 결과, 현재의 내가 과거, 미래의 나에 의해 영향을 많이 받거나, 주변사람들의 영향을 많이 받을 때, 고정관념에 의해 지혜로운 의사결정이 방해를 받을 때 발표불안이나, 잠을 잘 자지 못하게 되거나, 기타 등등의 정서불안이 생기게 된다.

　즉 당신이 W.I.N.의결, 즉 특이종이 추구하는 현황혜안의결을 실천하지 않으면 주변영향을 받고 있다는 의미이고, 그러면 머지않아 불안증상이나 불면증 등이 생길 수도 있다는 걸 의미한다.

　사람은 따라서 가장 컨디션이 좋을 때 무의식중에 현황혜안을 하고 있다는 걸 알 수 있다. 여러분이 현황혜안의결, 즉 W.I.N.의결을 하는 건 억지스러운 일이 아니며, 자연스러운 일이라는 걸 알 수 있다. 그렇기 때문에 불안증상이 없어지고, 숙면을 취할 수 있게 되는 것이다.

역으로 말하면 억지로라도 'W.I.N.의결'을 추구하다 보면 스트레스도 없어지고, 집중력, 자신감도 향상되고, 부정적 영향을 제거하는 게 가능해진다. 그게 바로 당신의 본모습이기 때문이다. W.I.N.의결을 매 상황 추구하라. 그러면 마음의 평화가 올 것이며, 업무능력이 향상될 것이다. 아주 쉽게 윈의결을 설명한다면 모든 감각에서 벗어나서 '지금 이 경우에는 특이종으로서 내가 어떻게 하는 게 잘하는 걸까?'를 합리적으로 생각해 보고 움직이라는 거다.

1. 대부분의 정신증상은
다른 사람에게 집중해 있기 때문에 생긴다

실패의식은 어리고 예민한 사람일수록 더 많이 생기게 된다. 이 사람들은 다른 사람들의 반응에 지나치게 예민해진다. 심지어는 지나가는 사람이 헛기침을 해도 자기에게 어떤 신호를 보내는 것으로 인식하게 된다. 스스로 모든 사람들이 자기를 비웃고 있다고 생각하게 된다. 이는 실패의식이 커져 병적으로 심각해진 경우라 할 수 있다. 과학적인 의사결정은 온데간데없고 비과학적인 생각들이 난무한다. 사람들은 모두 다 다르고, 다 자기 일로 바빠서 본인이 한 번 실수한 것은 신경도 안 쓰는데 말이다. 모든 사람들의 승인도장을 받아야만 되는 것처럼 다른 사람들에게 온통 집중하게 된다.

당신은 특이종이다. 남들과 다른 게 원칙이다. 세상 모든 사람들이 각자 자기의 인생 살기도 바쁘다. 모두 특이종이라서 각자의 인생살이도 다 다르다. 다른 사람들과 맞추려 하는 건 비과학적인 생각이다. 당신과 똑같은 존재는 이 지구상에 당신 하나뿐이다. 남들과 다른 당신만의 속사정을 가장 잘 아는 사람은 바로 당신 자신이다. 남들에게 절대 의존하지 말고, 자신의 지혜로운 의사결정에 따라 특이종으로서 마음껏 지혜와 자유를 누려라.

빙의도 일종의 실패의식이다. 항상 '현재와 나'에서 출발하라. 머릿속에 다른 사람 영향이 많을수록 정신적으로 건강하지 못한 것이다. 당신은 어느 누구와도 다른 종자이며, 성공을 위해 어떤 행동도 할 수 있다는 걸 알아야 한다. 남을 따라 하는 건 여러 방법 중 하나일 뿐이다. 항상 'W.I.N.의결' 즉, '특이종으로서 지금 내가 무얼 어떻게 얼마나 해야 지금 이 특별한 현재상황을 성공적으로 보낼 수 있을까?'를 생각하라. 그리고 지금 이 상황을 다른 어떤 상황과도 구분해서 성공시키기 위해 지금 최선을 다하라.

다른 사람 영향이 극심해지다 보면 빙의가 생길 수 있다. 이상한 목소리를 내고, 이상한 눈빛을 보낸다. 그리고 이상한 행동을 한다. 내가 아니고 다른 사람이 나인 것처럼 행동을 한다. TV에서 가끔 빙의에 든 이상한 장면들을 보게 된다. 하지만 진짜 무서운 것은 자신이 빙의인 줄도 모르면서 다른 사람이 마치 자기가 주인인 것처럼 영향을 미치는 것이다.

따라서 특별한 빙의증상을 없애는 것도 중요하지만, 평소에 다른 사람 영향을 없애는 게 훨씬 중요하다는 걸 알아야 한다. 빙의를 없애려면 이상한 굿을 할 게 아니라 특히 'W.I.N.의결'을 추구해야 한다. 당신의 진짜 모습을 추구해야 한다. 처음에는 눈을 감고 해도 좋다. 그리고 '지금의 나' 즉 현아에서 출발해서 당신 속의 불합리한 가짜나 즉, 다른 사람이나 과거, 미래의 영향을 모두 몰아내라. 당신이 어느 누구와도 다르며 특이하다는 사실을 명심하라. '내가 굳이 남들을 따라 할 필요가 있을까?' 하고 생각해 보라. 수시로 이 과정을 거쳐라. 그러다 보면 'W.I.N.의결'을 생활화할 수 있고, 나아가 빙의를 없앨 수 있게 된다.

2. 대부분의 정신증상은
과거나 미래에 집중해 있기 때문에 생긴다

만약 당신이 백미러만 보면서 운전한다면 기분이 어떻겠는가? 우리의 잠재의식은 대단하다. 뭔가 이상한 느낌이 드니까, 이상신호를 우리에게 보내는 거다. 백미러만 보며 운전하면 뭔가 불안하니까 자꾸 브레이크를 밟게 될 것이다. 그것처럼 과거만 생각하며 시간을 보내면 뭘 해도 즐겁지 않게 된다. 현재에 집중할 수 없는 건 운전수가 백미러만 보고 운전하는 것만큼 치명적이다.

대체로 여리고 예민한 사람들일수록 실패의식이 깊게 자리 잡아서 자꾸 과거의 나와 현재의 내가 같아지게 하려고 무작정 애쓰게 된다. 그러다 보니 계속 과거를 머릿속으로 떠올리게 된다. 과거에 실수한 것을 미래에 어떻게 하면 또 그러지 않을 대비책을 만든답시고 현재를 온통 그 생각으로 낭비하게 된다. 미래에 대한 가장 확실한 대비책은 현재에 집중하는 거다. 현재에 집중하는 훈련만큼 확실한 미래대비책은 없다. 현재상황은 과거, 미래와 다르고 대단히 특이한 상황이다.

매 순간 현재는 과거, 미래 어느 시간과도 다르며 특별하다는 걸 명심하라. 그것이 원칙이며 현재 이 순간 과거, 미래를 무작정 따라 할 필요가 있을까? 하고 생각해 보라. 현재를 과거, 미래와 구분하고 분리하고 독립시켜라. 어제 잠을 못 잤다고 오늘도 과연 잠을 못자야 하는 걸까? 오늘 잠을 잘 자려면 지금 특이종으로서 내가 뭘 어떻게 해야 하는 걸까? 걱정만 한다고 잠을 잘 잘 수 있을까? 일단 과거의 근심걱정에서 벗어나서 포근하게 잠을 잘 자던 어느 날처럼 지금 잠을 잘 자려면 어떤 생각과 어떤 마음을 가져야 할까? 잠을 즐겨 보면 어떨까? 전에 꿨던 꿈을 즐겨 보면 어떨까? 몸을 약간씩 움직이면서 이불의 감촉과 숨소리를 즐겨 보면 어떨까? 지금 이 특별한 현재상황에서 특이종으로서 지금 당신의 답을 추구해 보라.

만약 과거 충격적인 일이 자꾸 생각나는 상황이라면 어쩌면 좋을까? 그건 지나간 일이다. 지금은 지금이고, 그때는 그때다. 구분한다. 분리한다. 지금은 지금에 집중한다. 지금 내가 과거 걱정을 안 해도 결과에 아무런 변화가 없다. 지금 이 현재상황은 어느 때와 달리 특이한 상황이다. 지금 나는 잠을 즐기고 있다. 이처럼 W.I.N.의결에 집중하라. 최면을 해도 이를 돕기 위해 하라. 그러다 보면 답을 찾을 수 있다.

3. 대부분의 정신증상은 고정관념에 집중해 있기 때문에 생긴다

현재에 집중하는 걸 방해한다면 그 자체가 정신증상을 유발할 수 있다. 대표적인 것 중 하나가 고정관념이다. 고정관념은 더 이상 생각을 할 수 없게 만들기 때문에 정신증상을 만든다. 예를 들면 '나는 수학을 못해'와 같은 고정관념이다. 실제로 부딪혀 보지도 않고 수학만 나오면 무작정 포기해 버린다. 하나하나 따지고 도전해 보면 아무것도 아닌데 말이다. 사람의 발전은 계단처럼 결과를 만든다. 즉 일정기간 노력해도 별 반응을 보이지 않다가 어느 순간 수직에 가까운 급성장을 보인다. 대체로 사람들은 노력해도 결과가 안 보이면 포기해 버리면서 '나는 수학을 못해' 하면서 자위한다. 거기서 조금만 더 노력을 하면 급격하게 발전할 수 있는데도 말이다. 지금은 과거가 아니다. 과거에 못했어도 지금은 잘할 수 있다. 지금을 과거와 구분할 줄 알아야 고정관념을 부수는 게 가능해진다.

구분하는 것이야말로 고정관념을 부술 수 있는 열쇠이다. '나는 남과 다르다', '지금은 과거와 다르다' 등으로 구분해서 사고할 줄 알아야 한다. 아버지와 어릴 때 나쁜 기억으로 헤어졌더라도 지금은 다를 수 있다. 사람은 계속 바뀌므로 지금쯤 아버지는 완전히 다른 사람이 돼 있을 수 있다. 그런데 어릴 때 나쁜 기억으로 대화할 시도조차 하지 않는다면 얼마나 비극인가?

고정관념에서 빠져나오지 못한다면 정신상태가 편할 수 없으며 늘 불안한 상태를 유지할 수밖에 없다. 이 상태가 심해지면 정신증상에 빠질 수 있다. 고여 있는 물이 썩는 것처럼 여러분 머릿속에 현재라는 맑은 물을 계속 부어 주어야 한다. 진아란 바로 머릿속에 계속 현재라는 맑은 물을 계속 부어 주는 것과 같은 상태이다.

현재를 과거와 구분하고 거리를 두고 자주 독립하라. 그렇게 해서 넓은 시야로 세상을 볼 수 있게 해야 한다. 시야가 고정관념에 의해 편협되는 순간 정신증상이 생기게 되고, 사기를 당하게 된다든지 후회할 일을 하게 된다든지 하는 식으로 의사결정을 잘못 내리게 된다.

예를 들어 1교시 국어 시험을 망쳤다고 해서 2교시 수학시험까지 망쳐야 되겠는가? 1교시는 1교시고, 2교시는 2교시다. 현재를 과거, 미래와 구분해서 현재를 성공시키기 위해 노력해야 하는 게 당연하지 않은? 1교시의 나와 2교시의 나는 다르다. 같을 이유가 없다. 어제 안 좋은 일이 있었다고 해서 오늘을 포기할 이유는 없다. 어제는 어제고 오늘은 오늘이다. 어제와 오늘을 구분하고 분리하고 독립시켜라. 오늘은 어제와 관계없이 당신에게 너무나 소중한 시간이다. 새로운 각오로 맞이하라. 어제의 영향에서 벗어나라.

오늘을 어제와 구분하는 건 누구나 마음먹으면 할 수 있다. 그리고 자꾸 도전하다 보면 어렵지 않게 된다. 도저히 안 되면 최면하는 것도 한 방법이 될 수 있다. 하지만 원칙적으로 구분하는 게 당연하다는 걸 이해해야 된다. 구분 안 되고 있다면 영향을 많이 받고 있는 것이기 때문인 것이다. 평생을 노력해야 한다. 여러분 주변에서 끊임없이 주변영향이 밀려오기 때문이다. 매 순간 노력하라. 어떻게 태어난 인생인가? 어제의 영향으로 오늘을 망치지 마라. 결심하고 노력하고 각성하라. 지금 5분이 인생의 전부라고 생각하라. 지금 5분 성공하면 인생에서 5분 성공한 것이다. 그렇게 매 5분 성공하다 보면 인생 전체가 성공하는 것이다.

특이종신드롬

제3장

내가 특이종인 걸 인식하면 주변영향에서 벗어나서 집중력, 자신감이 생긴다

제1절 나는 어느 누구와도 다른 특이종이다

예를 들면 며느리는 시어머니로부터 엄청난 영향을 받는다. 이른바 고부갈등이라고 해서 그 갈등은 너무나 심각하다. 만일 이 둘이 모르는 사이로 남편 없이 알게 되었다면 이 정도로 심각하진 않았을 것이다. 그런데 며느리로 들어오는 순간부터 가족이라는 울타리에 들어가 다른 종자라는 걸 망각하면 시어머니로부터 별거 아닌 말을 들어도 몇 년씩 머릿속에 남아 며느리를 힘들게 하는 것이다.

명절 때 시골집에 가서 길을 걷다가 옆집개가 무섭게 왈왈 짖으면 금방 놀랬다가도 몇 발짝 걷다 보면 깨끗하게 잊어버린다. 그런데 시어머니가 며느리한테 '너 왜 그러니?' 한마디 하면 그 말이 평생을 간다. 왜 그럴까? 이는 개와 사람은 종자가 다른 걸 당신이 너무도 잘 알기 때문에 아무리 크게 짖어도 몇 발짝 걸으면 신경도 안 쓰게 된다. 하지만 번역은 안 되지만 개가 짖는다는 건 사람으로 치면 심하게 욕하는 게 아니겠는가? 그런데도 금방 잊어버리는데 시어머니의 한마디는 며느리에게 평생 갈까? 그렇다면 어떻게 하면 며느리는 시어머니로부터 영향을 덜 받을 수 있을까? 즉, 시어머니의 '주변영향'을 막을 수 있을까? 이렇게 해 보면 어떨까? 시어머니를 보면서 속으로 '특이한 종자네' 하고 생각해 버리는 것이다. 시어머니와 며느리는 사실 완전히 종자가 다르다. 이를 마음속으로 확실히 해 둔다면 그 영향을 줄일 수 있다. 그리고 내가 한 며느리에게 시어머니를 볼 때마다 '정말 특이한 종자다'라고 생각하도록 했더니 오히려 그 며느리의 경우는 시어머니가 무섭지 않고 이해가 돼서 사이가 좋아졌다고 한다.

그래서 우리는 주변영향을 안 받기 위해 사람과 사람은 서로 다른 종자라는 걸 명심할 필요가 있다. 즉 당신은 어느 누구와도 다른 '특이종'이다. 생각해 보라. 이 지구상에 당신과 똑같은 존재는 당신 하나뿐이다. 아무리 쌍둥이라도 어디가 달라도 다르다. 그리고 서로 분명히 다른 인격체이다. 누구의 노예로 살 필요가 없는 것이다. 누구의 영향을 받을 필요도 없다. 또한 지금의 당신은 과거, 미래의 당신과 어디가 달라도 다르다. 똑같은 경우는 단 한 번도 없을 것이다. 각자 태어나서 마음껏 자유를 누리다가 가면 그뿐인 것이다. 그런데도 남을 의식하게 되고 스트레스를 받게 되고 열등감에 빠지게 되는 이유가 뭘까?

그 이유는 남들을 같은 종자로 착각하다 보니 남들을 따라 하려는 마음이 생기기 때문이다. 엄격하게 당신을 남들과 구분할 필요가 있다. 당신은 독보적인 존재다. 당신과 같은 종자는 이 지구상에 당신 하나뿐이다. 하나하나 세상과 싸워 나가면 된다. 당신을 남들과 같은 종자로 인식하는 순간부터 남들 눈치를 보게 되고, 따라 하게 되고, 결국은 당신의 의사결정이 마비되어 가는 거다. 남들과 당신을 구분해서 자주 독립하지 않는 이상 당신의 의결능력을 회복할 수 없다.

개가 옆에서 짖는다고 해서 같이 짖는 사람은 없을 것이다. 종자가 다른 걸 명확하게 인식하고 의사결정기능을 회복한다면 영향 받을 일이 줄어든다. 하지만 사람이다 보니 잠시 잊고 '옆에서 개가 짖으면 같이 짖어야 하지 않을까?' 하고 흔들리는 사람이 있을 수 있다고 치자. 그럴 때는 용기와 배짱을 갖고 '나는 어느 누구와도 다른 특이종이니 따라 하지 않는다' 하고 마음을 다잡아 줄 필요가 있다. 최면도 좋은 방법이다. 명심하라! 사람과 사람은 완전히 다른 특이종이다. 옆에서 아무리 화장을 잘하고 명품백을 들려 해도 무작정 따라 하지 마라. 그 사람과 나는 완전히 다른 종자다. 현재의 나는 과거, 미래의 나와 당연히 다르다. 그러니 당연히 흔들리지 않기 위해 최면을 하고 용기와 배짱을 가져라. 그런데도 영향을 다소 받는다면, 영향 받는 이 상황을 파악할 수 있어야 한다. 영향 받고 있는 지금 이 특이한 상황에서 내가 뭘 어떻게 하는 게 현명할지를 의결하라. 모든 의사결정을 이 모든 걸 감안하여 합리적인 판단으로 추구하라.

제2절 나는 과거, 미래 어느 때와도 다른 특이종이다

인간은 영원히 현재에만 존재하다가 생을 마치게 된다. 그런데 현재를 확실하게 인식하는 순간은 많지 않다. 아마도 누구한테 따귀를 갑자기 한차례 맞았다든지, 복권이 당첨됐다든지, 소중한 사람이 갑자기 죽었다든지, 재미있는 영화를 정신없이 봤다든지 했을 때 현재를 인식하게 되지 않을까? 그 나머지 시간들은 과거를 생각하거나 미래에 대한 막연한 불안으로 뭔가를 머릿속으로 대비하다가 많은 시간을 잡념처럼 보낼 것이다. 그리고 이러한 잡념들은 그에 따른 부작용으로 우울증이나 불면증 같은 걸 유발할 것이다. 당연히 과거나 미래는 허상인데도 사람들에게 많은 영향을 주게 된다. 충분히 그럴 수 있다. 영화도 허상 아닌가? 그런데도 사람들은 그 영화를 보고 웃고 울게 된다.

하지만 우리가 여기서 분명히 짚고 넘어갈 일이 있다. 그 허상을 병이 생길 정도로 반복하여 떠올릴 필요는 없다는 거다. 과거, 미래가 영화처럼 재미있는 것도 아닌데 시간낭비하며 반복하여 떠올리

특이종신드롬

면 떠올리는 만큼 스트레스가 생기게 되고 결과적으로 나쁜 데미지가 남게 된다는 거다.

그것은 마치 당신이 운전대에 앉아 있는데, 뒤에서 누가 대신 핸들을 마구 움직이는 느낌이라고 해야 할 거다. 노예가 된 느낌, 조종되는 느낌, 억압된 느낌 같은 걸 평생 느끼게 되는 거다. 무엇보다 중요한 것은 그게 당신 인생의 전부라는 거다. 당신이 그러려고 태어났는가? 운전석에는 앉아 있는데 다른 사람 마음대로 운전되는 위험한 느낌, 그러다가 불면증, 우울증 증상을 겪게 되면 내가 왜 이렇게 사나 하는 생각이 들 거다.

'지금의 나'는 '과거, 미래의 나'와 당연히 다르며, 시간적으로도 일종의 특이종인 셈이다. 분명히 이 사실을 인식하고 현재에 집중하려 애써라. 현재상황에서의 의사결정권을 행사하지 않으면 눈감고 운전하는 것과 같은 결과를 가져온다. 현재 5분 상황에 집중하라. 현재 5분 상황을 성공적으로 보내면 비로소 현재 5분 상황을 성공한 거다. 이처럼 5분, 5분을 성공하다 보면 비로소 큰 성공도 할 수 있는 거다. 과거에 못했다고 해서 지금도 못하라는 법은 없다. 과거는 지금과 다르다. 지금 상황을 성공시키기 위해 최선을 다하라. 지금은 이미 과거가 아니다. 과감히 특이종으로서의 지금 당신의 의사결정을 똑바로 결행하라. 즉, 어느 누구, 어느 시간대와도 다른 '특이한 지금 내가 내리는 의사결정'을 똑바로 인식하라. 그게 바로 진아이기 때문이다. 바로 당신의 참자아이다. 참자아를 찾아야 정서

불안에서 벗어날 수 있고, 정신증상이 있다면 떨쳐 버릴 수 있고, 의결기능을 되찾아 집중력, 자신감을 회복할 수 있는 것이다.

A라는 학생이 B라는 학생에게 과거에 한 번 진 적이 있다고 가정해 보자. 대개는 이런 경우에 A는 영원히 B에게 고개를 숙이게 된다. 그런데 지금은 과거가 아니다. 새로 도전해 보라. 이길 수 있는 거다. 한 번 졌다고 해서 영원히 고개 숙이지 마라. 과거에 한 번 1:0인 거다. 또 도전하면 1:2로 이길 수 있는 거다. 물론 참고는 될 수 있다. 하지만 과거는 현재와 다르다. 과거의 법칙이 현재에도 미래에도 영원히 맞을 거라고 생각하면 안 된다.

중요한 것은 현재는 이미 과거가 아니라는 사실을 잊으면 안 된다. 과거에 책을 읽다가 목소리가 떨렸을 수 있다. 하지만 과거에 한 번 떨렸다고 해서 현재에도 영원히 떨리리라는 착각을 하면 안 된다. 지금은 새로운 장이 열리는 거다. 떨릴지언정 '지금의 나'는 '과거의 나'와 다르고 특별하다는 확실한 인식을 가지고 의사결정을 해야 한다. 이때 의사결정을 포기하면 과거처럼 많이 떨릴 수 있다. 실패의식이 작용해서 과거와 같아지려 작동을 할 수도 있다. 그걸 감안해서 의결 내리면 된다.

새롭게 자율적으로 의사결정하라. 마치 한 나라의 왕이나 대통령처럼 지금은 과거가 아니니 떨고 싶지 않고, 떨지 않기로 한다고 의결하라. 그리고 "지금 이 특별한 현재상황에서 내가 떨지 않고 책을 잘 읽으려면 어느 누구 어느 시간과도 다르고 특별한 내가 뭘 어떻게 얼마나 어떤 마음으로 해야 할까"를 생각해 보라. 이 생각을 유지하면서 책을 읽어라. 당신이라는 나라의 대통령은 바로 당신이다. 왜 과거의 기억이 현재를 결정하도록 방관하는가? 당신의 주인은 바로 현재의 당신이다. 스스로의 의결권을 절대 뺏기지 마라. 그리고 과거는 현재가 아니지 않는가? 사실 아닌가? 어떠한 기억도 사실 앞에서는 꼼짝 못 하게 돼 있다. 실패의식으로 당신의 의결권을 포기하지 마라. 떨릴지언정 포기하지 마라. 한 번에 원하는 만큼 안 될 수도 있다. 그러나 떨지 않겠다고 분연히 스스로 의결하고, 만약 그래도 떨린다면 조금이라도 떨리는 상황에서는 어떻게 하면 떨지 않을까를 다시 의결하라. 여기서 잘 안 된다고 포기해 버리면 안 되고, 잘 안 되는 상황에서는 이 상황을 이해하고 어떻게 하면 좋아질까를 의결할 수 있어야 한다. 결국은 이겨 낼 것이다. 이것이 바로 최고의 W.I.N.최면이다.

1. 현재는 인생의 전부이니 현재에 집중하라

인간은 영원히 현재에만 존재하다가 죽음을 맞이하게 된다. 과거는 없어진 현재이고, 미래는 아직 실현 안 된 현재이다. 누구나 다 아는 사실이다. 그런데도 불구하고 대부분의 사람들은 현재에 있으면서 과거나 미래생각으로 시간을 낭비하고 있다. 그만큼 과거, 미래에 대한 생각이 많은 게 사람이다. 어찌 보면 과거, 미래 생각은 대부분 잡념이 돼 버리는 경우가 태반이다. 과거에 대한 후회, 회상, 분노는 대부분 스트레스를 유발한다고 볼 수 있다. 소위 말하면 화병의 원인이 될 수 있다. 현재에 과거 생각을 함으로써 과거의 노예가 돼 있는 상태인 것이다. 대표적인 실패의식이다. 미래에 대한 걱정도 마찬가지이다. 구체적인 실행계획을 세운다면 얘기는 다르겠지만, 막연한 걱정이나 불안, 초조는 역시 스트레스를 유발할 것이다. 따라서 현재에 집중해야 이러한 스트레스에서 벗어날 수 있게 되는 거다. 스트레스는 남들이나 과거, 미래에 집중할 때 생기는 거다.

2. 재미있는 영화가 즐거운 이유는
과거, 미래를 순간적으로 잊었기 때문이다

사람은 재미있는 영화를 보고 싶어 한다. 그렇다면 어떤 영화가 재미있는 영화일까? 이것만 알면 재미있는 영화를 만들 수 있을 거다. 재미있는 영화의 원리는 마치 최면을 거는 원리와 흡사하다. 최면을 유도하는 여러 원리가 있는데 그중 하나가 영화를 재미있게 만드는 원리와 유사하다. 그것은 바로 극도의 긴장과 이완을 반복하는 거다. 관객을 고도로 긴장시켰다가 갑자기 이완시켰다가 또 고도로 긴장시켰다가 일시에 이완시키는 방법을 반복하면 관객들은 일종의 최면상태에 빠지게 돼서 황홀경을 느낄 수 있게 된다. 어떻게 고도로 긴장시키느냐, 어떻게 이완시키느냐가 감독의 기술일 것이다.

예를 들면 오래전에 히트했던 영화 '괴물'에서 한강에서 갑자기 괴

특이종신드롬

물이 등장해서 사람들을 잡아간다. 이러면 관객들은 고도로 긴장하게 된다. 그러다가 갑자기 배우들이 코믹한 얘기를 주고받으면서 관객들을 이완시키게 된다. 이런 과정이 반복되면 관객들은 일종의 최면상태에 빠지게 된다. 그래서 영화가 끝나고 나면 '너무 재미있다'라고 말하게 되는 거다. 관객들은 긴장과 이완을 반복하면 영화에 집중하게 되고 그러다 보면 과거, 미래에 대한 생각을 잊게 되는 거다. 대체로 과거, 미래에 대한 생각들은 스트레스를 주기 마련인데 영화를 보는 동안 영화에 집중하는 바람에 과거, 미래 생각을 잊게 되어 스트레스가 없어지니 기분 좋게 느끼는 거다.

연인들 사이에도 자주 싸웠다 헤어졌다 하는 연인들이 서로에게 집중하게 되어 결국 못 헤어지고 결혼하게 되는 게 이런 원리라고 할 수 있다. 연인 사이는 서로 머리만 쓰다듬어줘도 극도로 이완될 수 있기 때문에 쉽게 일종의 최면상태로 쉽게 빠지게 된다. 그래서 연인 사이에는 절대로 부정적인 말은 안 하는 게 좋다. 왜냐하면 최면상태에 쉽게 빠질 수 있기 때문에 서로의 말은 강력한 암시로 작용할 수 있다. 그러기 때문에 '난 반드시 너랑 헤어질 거야'라든지 '넌 나쁜 사람이야'와 같은 부정적인 말은 안 하는 게 좋다. 긍정적인 언어를 사용하는 게 좋다.

3. 과거, 미래의 영향은 자신감을 없앤다

대체로 과거의 긍정적인 영향보다는 부정적인 영향이 훨씬 더 강력하다고 말한다. 예를 들면 부부 사이에도 열 번 잘해 주다가도 한 번 잘못하면 그걸로 모든 걸 다 까먹는다고 한다. 그만큼 부정적인 기억이 훨씬 오래간다고 할 수 있다. 하지만 그 반대의 예도 얼마든지 있을 수 있다. 늘 못하던 사람이 한 번 잘해서 전세를 역전시키는 경우도 있을 수 있다. 중요한 것은 잘하든 못하든 얼마나 발전할 수 있느냐 하는 점이다. 잘하다가도 방심해서 일을 그르치는 경우도 많다는 것이다. 새로운 현재로서 과정을 보내지 않는다면 그건 긍정적인 기억이라고 해도 안 좋을 수 있다는 것이다.

긍정적이건 부정적이건 현재를 과거의 영향으로 보내는 건 좋은 일이라 할 수 없다. 현재는 과거와 다른 경우이다. 현재를 과거, 미래와 구분해서 새로운 경우라고 대응했을 때만이 창조적인 결과를 가져올 수 있으며, 즐겁고 신나게 주변영향에서 벗어나 자신감이 넘칠 수 있는 것이다.

4. 마약의 기전은
과거, 미래의 생각에서 벗어나게 해 주는 것이다

내가 의과대학에 입학해서 늦은 나이에 학교를 다닌 경험이 있었는데, 나는 많은 교훈을 얻을 수 있었다. 결국에는 이런저런 이유로 포기하게 됐는데, 그때 마약의 기전에 대해 잠시 수업을 들은 적이 있었다. 마약에는 말초신경을 자극하는 물질이 전혀 없다는 것이다. 다만 마약에는 일종의 마취성분처럼 신경을 무디게 만드는 성분

특이종신드롬

이 있어서 사람이 과거, 미래를 순간적으로 생각 못 하게 할 뿐이라는 것이다. 따라서 마약을 접한 사람은 과거, 미래를 순간적으로 생각 못 하게 되니까 현재에만 집중할 수 있게 돼서 무한한 기쁨과 즐거움으로 충만하게 된다는 거다. 이 원리를 잘 이해한다면 굳이 마약을 접할 필요도 없이, 과거, 미래 생각을 없애 버리고 현재에만 열중한다면 대환희를 경험할 수 있다는 걸 알 수 있다. 그리고 현재 상황에만 집중할 수 있는 상태가 최고의 자신감인 걸 알 수 있다.

5. 고정관념, 가치관, 편견 등도 과거의 산물이다

사람의 고정관념, 가치관, 편견 등도 시간을 거치면서 형성되는 과거의 산물이다. 따라서 '지금은 과거가 아니다'라고 확실하게 암시만 한다면 없애는 것이 어렵지 않다. 지금은 과거가 아니다. 사실 아닌가? 사실과 과학성에 기초한 암시야말로 효과를 극대화시킬 수 있다. 과거에 가졌던 관념을 왜 지금 똑같이 가져야 하는가? 우리 머릿속에 관념이 고정화되면, 몸에 살이 고정화된 것을 '암'이라고 부르듯이, 고정관념도 무조건 안 좋은 것이다. 이해하고 버릴 수 있어야 한다. 그리고 바꿀 수 있어야 한다. 그게 건강한 거다. 지금은 과거가 아니다. 과거의 것들이 과거에는 맞았을지 모르지만, 지금 맞으라는 법은 없다. 세상은 변하고 움직이고 있다. 시시각각 변하는 세상에 맞춰 가며 변할 수 있어야 진정으로 건강한 거다.

제3절 현재상황은 어느 때와도 다른 특이한 상황이다

우리는 이 책에서 주변영향에서 벗어나기 위한 W.I.N.의결의 개념으로 세 가지 내용을 강조하고 있다.

1. Wise decision making in this situation.(지금 이 상황에서는 뭘 어떻게 할지에 대한 현명한 의사결정)
2. I separated(다른 사람, 다른 시간들과 구분된 지금의 나)
3. Now situation(과거, 미래와 구분된 현재상황)

여기서 우리는 세 번째 과거, 미래와 구분된 현재상황에 주목할 필요가 있다. 현재와 현재상황은 다르다. 즉 나와 현재를 똑바로 인식하는 것도 중요하지만 나와 현재를 상황전체로 파악하는 일이 대단히 중요하다. 왜냐하면 나도 상황에 따라 계속 변하기 때문이다.

따라서 위 세 가지 개념은 크게 현황을 파악하는 부분과 특이종이라는 두 축과 지혜롭게 대처하는 전략적인 부분으로 나눌 수 있다. 그리고 상황에 따라 전략적으로 남들과 같은 입장을 취할 수도 있다. 예를 들어 남들과 같아지려 하는 건 실패의식이지만 상황에 따라서는 남들과 같은 척할 필요가 있을 수도 있다. 이 책에서 가장 중요한 부분이라고 할 수 있다. 경우에 따라 남들과 같은 입장을 취할 수도 있어야 한다. 하지만 이유가 있어야 할 것이다. 같지 않으

특이종신드롬

면 두려워서 무작정 달리한다면 실패의식이 분명하다. 하지만 분명 그 이유가 있고 그만한 가치가 있어서 그렇게 의결했다면, 그건 실패의식이라고 볼 수 없다. 따라서 무엇보다 가장 선행되어야 할 것은 스스로의 상황파악이다. 어떤 상황인지 알아보는 게 가장 중요하다. 자율적으로 같아지려 의결했다면 그건 실패의식이 아니다. 훌륭한 의사결정인 것이다.

바둑을 잘 두는 사람과 잘 못 두는 사람의 차이는 얼마나 객관적으로 넓은 시각으로 상황을 파악하느냐에 달려 있다. 인간은 본래 상황을 큰 눈으로 파악하는 시각을 가졌다. 그런데 어리석어지면 좁은 시야를 가지게 된다. 따라서 넓은 시각으로 상황을 파악하려는 노력을 해 주는 게 좋다. 따라서 언제나 자기 자신을 특이종으로 객관적으로 보는 노력은 대단히 중요하다. 그래서 매번 객관적으로 특이종을 인식하도록 강조하는 것이다.

어떤 사람이 칼로 사람 배를 가르려 하고 있다면 이는 나쁜 일이다. 그런데 그 사람이 의사라서 환자를 수술하는 상황이라면 좋은 일이다. 그런데 그 의사가 마약을 진탕한 상태라면 얘기는 또 달라진다. 큰 눈 곧 지혜라고 말한다. 현재상황에서 가장 좋은 처세는 무엇일까? 늘 탐구하라. 그리고 그 특별한 상황은 시시각각으로 바뀌고 있다. 상황이 바뀜에 따라 지혜로운 처세를 계속 추구하라.

W.I.N.의결이 살아 있는 한 당신에게는 무한한 가능성이 있다. W.I.N.의결이 없어지는 순간, 부정적인 증상들이 일어나기 시작

할 것이다. 왜냐하면 당신의 '지금 이 특별한 현재상황'에서 '가장 똑똑한 지금 당신'이 눈을 감는 것이기 때문이다.

단순히 현재를 만끽한다는 것과 W.I.N.의결을 추구한다는 것은 다른 개념이다.

지금 내가 공부하고 있는데 잠이 온다고 가정해 보자. 단순히 현재를 만끽한다면 그냥 자면 될 것이다. 그러나 W.I.N.의결을 추구한다면 "지금 이 특별한 현재상황에서 특이종으로서 '지금의 나'는 뭘 어떻게 하면 나중에 참 잘했다는 생각이 들까?" 하고 의사결정을 해 보는 과정을 거치게 된다. 그러면 아마도 세수하고 와서 더 공부하게 되지 않을까? 아니면 이불 깔고 본격적으로 알람시계 맞춰 놓고 잠을 잘 수도 있을 거다. 아니면 옥상으로 올라가서 서서 공부를 해 볼 수도 있을 거다. 그건 개개인의 의결에 따라 다를 수 있다. 분명한 건 W.I.N.의결을 따르면 원하는 결과를 얻는 게 가능하다는 거다.

결국 W.I.N.의결의 개념은 전술한 대로 크게 두 부분의 축과 전략적 대처로 이해할 수 있다. 하나는 현재의 특이한 상황을 파악하면서 둘째 특이종인 내가 얼마나 영향 받고 있는 상황인지까지를 이해해야 하고, 셋째는 현재 이 특이한 상황에서 내가 뭘 어떻게 하는 게 현명한지를 의결내리는 것이다.

제4절 나와 주변영향을 구분하는 강력한 보호막을 장착한다

주변영향요인들과 나를 구분하기 위해 강력한 보호막을 이용한다면 구분이 더 잘될 수 있다. 당신 주변에 원통모양의 보호막이 지금의 당신을 에워싸고 있다고 상상한다면 주변과 당신을 훨씬 더 잘구분할 수 있을 것이다.

우리가 특이종이라고 명명하고 매번 강조하는 이유도 객관적으로 당신과 주변사람들을 잘 구분해 내기 위해서다. 이 구분을 더 확실하게 해내기 위해서 당신과 주변 사람들 사이에 강력하고 큰 보호막이 원통 모양으로 가로막고 있다고 상상해 보는 거다. 물론 최면 상태에서 암시를 준다면 더욱 효과적이다. 내가 최면을 해 보면 이 보호막 방법이 그 어떤 최면암시보다 효과적인 걸 확인할 수 있었다. 특히 발표불안을 없앨 때 효과가 높았다. 물론 'W.I.N.'의결 원리를 이해하고 적용한다면 최고의 효과를 볼 수 있다.

제5절 기타 등등(목석 등등)

구분하기 위한 방법들은 다른 철학이나 종교에서도 다소 쓰이는 경향들이 있다. 참고로 불교에서는 해탈한다는 개념을 사용하는데 이는 내가 볼 때는 사람이 주변요인들과 종자 자체가 달라서 모든 주변영향에서 완전히 벗어나서 영향을 안 받는 상태가 아닌가 하는 생각이 든다. 불교에서는 선 이외에도 많은 방법들도 많이 쓰이는데, 내 견해로는 '목석'의 개념도 좋지 않을까 생각한다. 스스로를 '목석'이라고 생각해서 주변영향을 안 받게 하는 것인데, 이는 다 좋은데 다른 생활하는 데 불편하다. 목석개념을 잘 이해하지 못하고 사용하면 주변영향은 막아 주지만 융통성이 없다고 느낄 수 있다. 결론적으로 내가 판단할 때는 우리 'W.I.N.의결' 또는 '현황혜안의결' 개념이 훨씬 과학적이고 접근이 쉽지 않은가 생각한다. 결국은 주변과 종자 자체가 달라서 주변에 이끌리지 않고, 영향 받지 않고 의사결정하는 게 목표인 것이다.

　공부를 위해 불교나 다른 철학들을 돌아보는 건 바람직하다고 판단한다. 하지만 가히 장담컨대 스님이 되는 게 목표가 아니고 생활을 위해 취하는 게 목표라면 '현황혜안의결' 이상의 공부는 없을 것이다.

제4장
진정한 나는 무엇일까?

제1절 진아는 현아 속에 들어 있다

'나'는 모든 철학의 기본이다. 불교에서도 '참된 나'를 '진아'라고 부르면서 나의 참모습을 찾으면 수행이 끝났다고 하면서 '성불'했다고도 표현한다. 나도 젊은 시절 오랜 기간 참선을 해 보기도 했지만 결론을 내기가 쉽지 않았다. 설령 무언가 얻은 것 같기도 해서 '이제 다 됐나 보다' 해도 좀 큰일을 거치다 보면 도로아미타불이었다. 아마 내 생각에는 불교식으로 접근하면 십중팔구 참나의 진짜 의미를 짧은 기간에 제대로 이해하기 어려울 것이다.

레드썬이 과감하게 '진아'에 대한 새로운 접근법을 이 책에서 제안해 보기로 한다. 참고로 레드썬은 본인이 여러 방송, 특히 MBC

'TV 특종 놀라운 세상' 프로에서 '스타의 전생' 코너에 3년간 고정출연하여 연예인들을 최면하여 전생을 알아보는 과정에서 내가 '레드썬!'이라는 구호를 여러 번 반복적으로 외치다 보니 생긴 별명이다. 실제로 레드썬은 나의 중학교 때 별명이었다. 그 당시 레드썬이라는 영화를 단체로 봤었는데 알랭 들롱이 목에 까만 스카프를 매고 나왔었다. 그런데 내가 목이 좀 약해서 목에 까만 스카프를 매고 다녔더니 친구들이 나를 '레드썬!'이라고 부르게 된 것이다. 그리고 최면을 할 때 신비스러운 빨간 태양의 기운을 암시하기 위해 "레드썬!"이라고 외치다 보니 어느새 나의 애칭이 '레드썬'이 돼 버린 것이다.

레드썬이 '진아'를 탐구하는 접근법을 새로 설정해 보겠다. 불교에서처럼 화두를 가지고 접근하다가는 평생을 노력해도 어려울 것으로 본다. 이 책이 꼭 필요한 이유는 바로 '진아'에 대한 접근법이 과학적이기 때문이다. 등산도 정상에 접근하기 어려운 길이 있는 반면, 조금만 돌아가면 쉽게 정상에 도달할 수 있는 길이 있는 법이다. '진아'는 뭔지는 몰라도 분명한 사실은 '현아' 즉 '지금의 나' 속에 포함돼 있다는 것이다. '진아'도 결국 '나'이기 때문이다. '진아'도 '나'인 것을 절대로 잊으면 안 된다. 그런데 대부분의 사람들이 '진아'는 마치 '나'와는 상관도 없는 또 다른 정신세계인 것처럼 접근하다 보니 점점 찾기가 불가능해지는 것이다. 특히 진아 즉, 참자아를 깨우치는데 이상한 주제를 가지고 선을 하면 눈을 감고 앉아 있을 때는 일정부분 맞는 게 있을 수 있다. 하지만 눈감고 앉아 있는 상태로 세상을 살 수는 없지 않는가? 그러니 눈감고 있을 때는 알 것 같아도 일어나 세상과 접하는 순간 잡념으로 방해받게 되는 것이다. 상황 구분 없이 어떻게 진아를 알 수 있겠는가? 이 책에서 지금까지의 방법을 뛰어넘어서 진아의 실체를 낱낱이 밝혀볼 작정이다.

진아는 현아 속에 들어 있다. 이 책에서는 인생을 의사결정과정으로 정의하였으므로 현아를 '주변영향을 받고 있는 의결기관'이라고 말할 수 있다. 그런데 아무리 '지금의 나' 즉 '현아'를 인식해도 참나라는 생각이 안 드는 이유는 무엇일까? 그건 '현아' 속에는 주변요인들이 많이 영향을 미치고 있기 때문이다. 즉 결론적으로 '현아'에서 불합리한 주변요인 영향들을 모두 제거한다면 그때 비로소 참나 즉 '진아'를 발견할 수 있게 되는 것이다. 이제부터 진아를 쉽게 찾는 방법을 소개하겠다. 집중하기 바란다.

그렇다면 주변요인들이란 무엇일까? 누차 말했듯이 그건 바로 여러분도 모르게 영향 받는 걸 의미한다. 예를 들어 어떤 사람이 전라도 사람에게 사기를 크게 당한 일이 있다고 하자. 그러면 그 사람은 그다음부터는 전라도 사람을 보면 색안경을 쓰고 볼 것이다. 아마 상대하지 않으려고 할 것이 분명하다. 하지만 전라도 사람 중에는 실제로 좋은 사람들이 많을 수 있는 것이다. 그렇다면 사기피해를 당해서 전라도 사람을 피하게 되는 의결을 내리는 나는 '진아'일까? 그 모습은 사기경험을 통해서 영향을 받아서 주변영향을 받고 있는 의결기관이라고 볼 수 있다. 그런데 '진아'는 온통 주변영향을 받아서 '가짜나'로 변질되어 있다. 그래서 '지금의 나'에서 다른 사람이나 과거, 미래와 같은 주변영향들을 제거하면 '불합리한 주변영향에서 벗어난 의결기관'이 나타나는데 이게 진아인 것이다.

사람 영향, 시간 영향, 고정관념 영향과 같은 불합리한 주변영향들을 하나씩 하나씩 없애는 정해진 과정을 거치다 보면 그 뒤에 비로소 모습을 드러내는 대단히 지혜롭고 똑똑하게 의결하고 있는 참자아의 존재를 느낄 수 있다. 이게 바로 당신의 실제 모습, 진아이다. 그런데 이 방법은 참선하는 것처럼 지독한 반성의 시간이 필요하다. 그래서 약간 애매하고 추상적일 수도 있어 혼란스러울 수 있지만 '무영향'까지도 가능할 것으로 본다. 그래서 '현황혜안의결' 개념으로도 충분하고 완전하다고 보지만 굳이 불교식으로 '무영향'을 경험해 보고 싶은 독자들이 많다면 따로 '보호장구장착의결기구'라는 제목으로 별도로 책을 써 볼까 생각한다. 만약 원하는 사람이 많아 책이 나온다면 'W.I.N.의결' 즉 '현황혜안의결'을 충분히 마스터한 후에 읽기를 추천한다. '보호장구장착의결기구'는 일종의 특별양념이라고 할 수 있고, 이 특별양념은 현황혜안의결을 도와준다고 이해하면 된다. 물론 특별양념도 좋지만 사람에게 평상시의 식사가 훨씬 중요하지 않겠는가?

그런데 지금까지 공부했듯이 불합리한 주변영향을 상황별로 제거하는 방법이 또 하나 있는데 그게 바로 W.I.N.의결이므로, '지금의 나'에서 W.I.N.의결을 추구해서 주변영향들을 하나하나 모두 제거하면 그게 곧 진아라는 사실도 도출할 수 있다. 즉 W.I.N.의 결을 추구하면 사람들이 받게 되는 대부분의 주변영향을 상황별로 나누어서 과학적으로 제거할 수 있으므로 그 상태에서의 의결이 곧 진아인 것이다. 그래서 W.I.N.의결을 해 주면 집중력, 자신감이 향상됐고, 정신증상들을 없앨 수 있었던 것이다.

조금 다른 관점에서 고찰해 보겠다. '주변영향'과 영향이 하나도 없는 '무영향'이 있는데 결론부터 말하면 정신적으로 혼란스러울수록 즉, 주변영향을 많이 받을수록 '정신증상'에 빠지기 쉬워진다. 반면 정신적으로 깨끗할수록 주변영향이 하나도 없는 '무영향' 상태를 유지하게 된다. 예를 들면 발표불안이 있는 사람이 있다고 가정해 보자. 그 사람이 발표를 할 때 이미 청중을 의식하여 목소리가 떨리기 시작한다. 그 사람 마음속에는 이미 '다른 사람들이 어떻게 생각할까? 내 발표에 대해 다른 사람들이 뭐라고 하면 어쩌지?' 하면서 거의 다른 사람의 의견에만 집중하게 된다. 이를 주변영향을 많이 받는 상태라고 말 할 수 있다. 이 상태가 되면 목소리도 떨리게 되고, 불안감은 극대화된다. 이때 과감히 주변영향을 극복할 수만 있다면 떨리지 않게 된다.

과연 어떻게 하면 떨리지 않을까? 당연히 '주변영향들'을 모두 제거하면 된다. 불교에서 말하는 진아가 바로 '현아' 즉 '주변영향을 받는 의결기관'에서 참선을 통해 주변영향들을 모두 제거한 상태라고 짐작할 수 있고, 이 상태가 곧 백 프로 의결기능을 회복한 '보호장구장착의결기구' 상태이다. 이는 놀라운 발견이다. '현아'에서 불합리한 주변영향들만 모두 제거하면 또 다른 뭘 하지 않아도 그 자체가 바로 나의 참모습, 진아인 것이다. 하지만 극단적으로 말하면 불교에서 참선도 주변영향이 될 수도 있다는 걸 명심해야 된다. 그냥 당신 지금 모습에서 가만히 당신의 의결을 방해하는 주변영향들만 제거한다면, 그래서 주변영향을 받지 않고 지금 당신이 차분하게 의결 내릴 수 있다면 그게 바로 당신의 진아인 것이다. 주변영향 받지 않는 당신의 진짜 모습인 것이다. 뭘 더 보태려고 하지 마라. 이미 진아를 찾았는데 뭘 더 보태야 한단 말인가? 보태는 순간 또 하나의 주변영향이 생기는 것일 뿐이다. 평범해 보여도 아무것도 아닌 것 같아도 모태의결기관은 놀라운 지혜와 놀라운 집중력, 자신감을 가지고 있다.

즉 진아란 '불합리한 주변영향들이 모두 제거된 의결기관'이라고 이해할 수 있다. 나는 원래 이 사람들과 종자 자체가 다르고 특별해서 영향을 받을 필요가 없다는 걸 빨리 깨달으면 영향을 안 받게 된다. 종자가 같다고 느낄 때 그 영향력이 커지기 때문에 다르고 특별한 종자라는 걸 깨달으면 영향력을 줄일 수 있다. 만일 당신이 발표를 할 때 몇 마리의 양들이 구경하고 있다면 과연 떨릴까? 종자가 같다고 생각하기 때문에 떨리는 것이다. 과거, 미래 영향도 마찬가지다. 현재가 과거, 미래와 같은 부류의 시간이라고 느끼면 과거, 미래 영향력이 커지는 것이고, 현재는 과거, 미래와 전혀 다르고 특

특이종신드롬

별한 시간이라는 걸 깨달으면 과거, 미래 영향을 줄일 수 있는 것이다. 따라서 '지금 당신'이 어느 누구 어느 시간대와도 다르고 특별하다는 걸 깨달을수록 주변영향을 줄일 수 있어 '당신의 모태 의결기능'을 회복한 거고, 그만큼 진아를 되찾았다고 이해하면 된다. 결국 진아는 주변영향들을 모두 없앤 'W.I.N.의결기능'을 의미한다고 볼 수 있다.

어떤 경우건 당연히 의사결정의 주도권을 당신이 갖는다면 떨리지 않을 것이다. 떨린다는 건 흔들린다는 걸 의미한다. 즉 자동차로 치면 여러 명이 핸들을 잡고 있는 상태라고 할 수 있다. 즉 자꾸 눈치를 보면서 결정을 내리고 있기 때문이다. 백 프로 본인의 발표를 본인이 자율상태로 의결해서 발표하게 되면 절대로 떨리는 일은 없을 것이다. 주변의 영향력 즉 '가짜나'가 발표를 결정하게 될수록 불안하게 되고 떨리게 되는 것이다. 쉽게 생각하면 우리가 운전하고 있는데 조수석에 있는 사람이 운전대를 잡고 운전한다면 차가 똑바로 갈 수 있겠는가? 운전이 미숙해도 운전대는 본인이 잡아야 차가 똑바로 갈 수 있는 것이다.

여기서 '주변영향'이란 '무영향' 이외의 모든 것을 말한다. '무영향'이란 아무 영향 받지 않는 '참나'의 상태라고 할 수 있다. 옆 사람, 앞사람, 고정관념, 과거의 패턴, 미래에 대한 막연한 기대, 이 모든 것을 '주변영향'으로 정의했다. 정신적으로 문제가 있는 사람일수록 '주변영향' 경향이 심하다. 즉 주변영향을 많이 받게 되기 때문에 안정되기가 어려운 것이다. 주변영향에 쉽게 흔들린다면 그 상태는 바람직하지 않다. 반면 주변영향에 잘 흔들리지 않는다면 그건, 흔들리지 않는 만큼의 '진아' 상태를 느끼고 있다고 볼 수 있다. 정신수련의 과정이란 결국 '무영향' 상태로 가는 과정이라 할 수 있다. 오히려 세상을 멀리 보고 사람을 멀리서 볼 수 있으면 주변영향에서 벗어날 수 있고, 벗어나는 만큼 '진아' 상태를 느낄 수 있고, 나아가 '무영향' 상태까지도 갈 수 있다.

'무영향' 즉 완전한 참자아란 어떤 상태일까? 이는 대단히 어려운 내용이다. 단언컨대 참자아는 고정된 상태가 아니라는 건 분명히 말할 수 있다. '무영향' 상태는 어느 누구 어느 시간대와도 다르고 특별하다는 걸 확실히 인식해서 주변요인들로부터 완전히 영향을 받지 않는 상태이며 대단히 변동적이며 지혜로운 상태이며 대환희에 차 있는 의결 상태라고 이해할 수 있다.

일부 영향을 받고 있는 상태라도 '현아'가 W.I.N.의결을 추구하는 상태라면 완전한 '무영향' 상태가 아니라도 진아라고 봐야 한다고 생각한다. W.I.N.의결을 행하는 상태가 바로 참자아 상태이다. '주변영향들에서 벗어나서 지혜롭게 의사결정하려고 노력하는 상태'가 바로 참자아 즉 진아라고 할 수 있다. 수없이 생각해도 그 부분에는 변함이 없다. 그리고 '지금 상황에서 주변영향들로부터 벗어난 의결'인 'W.I.N.의결'을 추구하다 보면 진아를 접하는 건 물론이고 언젠가는 어리석음이 완전히 사라져 '무영향' 상태가 될 수도 있을 것이다.

진아는 주변영향들에서 벗어나서 지혜롭게 의사결정을 행하고 있는 그 자체이지, 감각기관이 아니다. 그래서 의결기관이라고 할 수 있다. 외부의 많은 자극을 감각기관들이 의사결정기구에게 보고한다. 하지만 감각은 자아일 순 있어도 참자아라고는 할 수 없다. 감각했다고 해서 책임지지는 않는다. 그러나 의결했다면 책임을 져야 한다. 누가 때려서 아픈 걸 느꼈다고 책임지지는 않는다. 물론 아픈 것도 자아이지만 참자아는 아니다. 그러나 아파서 나도 한 대 때리기로 의결했고 실행에 옮겼다면 그 부분에 대해서는 책임을 져야 한다. 바로 참자아의 표현을 의결로 했기 때문이다. 아파도 참을 수 있다. 감각한 것만으로는 영향 받았다고 볼 수 없다. 의결하지 않으면 영향을 안 받은 것이다.

내 판단으로는 진아란 바로 '불합리한 주변영향들에서 모두 벗어난 의결기능' 그 자체를 의미한다. 어떤 기관의 지방방송이라든가 주변영향들에서 벗어난 의결 자체가 바로 그 기관을 대표한다고 봐야 하지 않겠는가? 당신의 '불합리한 주변영향들에서 벗어난 의결기능 자체'가 바로 당신을 대표하는 것이다. 그리고 진아는 상황에 따라 다르게 느껴질 수 있다.

아마도 진아를 추구하는 많은 이들이 결론을 내리지 못하는 이유는 '진아를 상황 구분 없이 고정되고 영원한 것으로 이해하기 때문이 아닐까?' 생각한다. 진아는 상황에 따라 계속 변하는데 말이다.

상황 구분 없이는 진아를 거론하면 당연히 안 된다.

이처럼 상황마다 진리가 다르며, 같은 상황도 큰 눈으로 보면 진리가 다르다는 사고체계를 가지면 언제나 지혜롭다는 말을 들을 수 있다. 이를 테면 바둑을 보면 하수와 고수는 결국 판을 얼마나 멀리 볼 수 있느냐의 차이인 것이다. 이 책을 다 읽고 나면 여러분도 주변의 영향을 받지 않고, 판세를 멀리서 보는 사고 체계를 가지게 될 것이다.

대인공포가 있는 사람에게 최면을 하여 교정할 때 지구 밖 우주에서 자신의 모습을 객관적으로 바라보게 하는 방법을 사용하기도 한다. 이렇게 우주공간에서 자신이 사람들과 있는 모습을 보면 '사람들 앞에서 발표하는 게 왜 무서울까?' 하는 객관적인 마음이 생기게 하기 위해서이다. 사람과 사물을 객관적으로 보도록 노력하는 모습의 중요성은 아무리 강조해도 지나치지 않다. '개관화'는 약이다.

그렇다면 '지금의 나'는 주변요인들과 종자 자체가 달라서 영향을 받을 필요가 없다는 걸 깨달아 주변영향에서, 노력한 만큼 자유로워져서 '주변영향' 상태를 어느 정도 극복하면 바로 '진아' 즉 참나를 접할 수 있게 된다는 걸 알았다. 그리고 이 노력을 계속한다면 언젠가 '무영향' 상태가 될 수도 있는 것이다. 그런데 이 완전한 무영향 상태만 고집을 부리면 영원히 참자아를 찾을 수 없다. 주변감각에 의결을 뺏기지 않고 버틸 수 있다면, 그래서 현명한 의결을 내릴 수 있다면 참자아라고 볼 수 있을 것이다.

'지금 이 특이종'이 추구하는 현황혜안의결 상태를 참자아라고 보는 게 합리적이라고 본다. 왜냐하면 매우 중요하고 많은 부분을 차지하는 세 가지 주변영향에서 벗어난 의결과정이기 때문이다. '감각기관'에 휘둘리지 않는 '현황혜안의결기관' 상태면 진아로 볼 수 있고 이 상태면 정신증상이 있다면 고칠 수 있고, 정서가 안정되며 집중력, 자신감이 고도로 높아질 수 있는 상태이다. 그리고 이 상태가 지속되다 보면 대환희가 찾아올 수 있게 되고 어느덧 무영향 상태가 될 수 있는 것이다.

1. '지금의 나'에서 주변영향을 모두 구분해 내면 진아가 나타난다

불교에서는 화두를 가지고 참선을 하여 성불을 이룬다고 한다. 그 목적은 '참나'를 찾는 것이라고 한다. 그런데 젊었을 때 나도 여러 달 동안 참선을 해 본 적도 있지만 결과가 좋지 않았다. 두어 번 '이건가 보다' 한 적이 있지만 생활하다 보면 원래대로 돼 버린다. 대체 이유가 뭘까? 내가 최면의 내용을 연구하다 보니 알게 되었다.

진아는 현아 속에 들어 있다. 그리고 고정된 것이 아니다. 즉 '지금의 나' 즉 '주변영향 받는 의결기관' 속에 참나가 들어 있는 것이지, 이상한 수련을 통해 얻어지는 것이 아니다. '지금의 나' 속에 참나가 들어 있다. 나는 학창시절에 수학을 곧잘 했는데 어려운 문제를 풀 때 노하우가 있었다. 그건 바로 '이 문제에는 답이 있다'는 확신이다. 내가 못 찾아서 그런 거지 '반드시 답이 있다'는 확신이 그 문제를 풀게 해 주는 동력이 되었다. 수학을 못하는 사람일수록 문제가 틀렸다고 생각하는 경향이 많다. 그것처럼 '현아 속에 진아가 들어 있다'는 것은 얼마나 중요한 확신인가? 그리고 '현아' 즉, '주변 영향 받는 의결기관'에서 주변영향인 가짜나의 영향력을 하나씩 제거하다 보면 진짜나가 조용히 모습을 드러내고 언젠가는 '무영향' 상태까지도 도달할 수 있다. 즉 감각기관의 자극에 흔들리지 않으면 온전히 의결기관의 기능을 유지할 수 있다. 그때는 참나를 발견하고 얼마나 기쁜지 모른다. 여기서 가짜나란 무엇일까? 주변영향을 의미한다. 하나씩 하나씩 주변요인들과 종자 자체가 달라 영향을 받을 필요가 없다는 걸 깨달아 주변영향들을 제거하면 된다.

지금의 내가 주변사람들이나 과거, 미래의 나와 종자 자체가 다르고 특별하다는 사실을 확실히 인식하며 주변사람들로부터의 영향력을 없앨 수 있고 나아가 과거, 미래의 영향력도 없애는 것이 가능해진다. 현재상황을 다른 상황과 구분해서 W.I.N.의결을 추구하다 보면 주변영향들이 없어져 정말 지혜로워진 내가 나타나는데 그것이 바로 '참나'인 것이다. 당신의 진짜 모습은 이처럼 놀라운 지혜와 안정감과 편안함을 동시에 갖춘 의결기관이다. 여태까지 주변영향을 받느라고 인식하지 못했을 뿐이다. 우리는 감각이나 정보를 참고는 하되 무시할 수 있는 '현황혜안의결기관'으로 사는 게 중요하다. 현재가 계속 진행형이듯이 '참나'도 계속 진행형이다. 그러니 참자아를 찾으면 당연히 현재라는 맑은 물을 계속 부어 주는 것과 같이 신선해진다. 그 결과 수준 높은 의결을 내릴 수 있게 된다. 아마도 부처님이 가르치시려 한 개념이 바로 이 '현황혜안의결' 개념이라고 확신한다. 과대망상일까? 아무리 다시 생각해 봐도 W.I.N.의결개념이 인간이 만들 수 있는 최고의 철학이며, 이 개념이 바로 진아라고 생각한다. 감히 주장한다. 'W.I.N.'의결 개념을 실천하라. 그리하면 '진아' 즉 '지혜롭고 안정된 의결기능'을 회복하는 것이므로 모든 불안을 떨쳐 버릴 수 있고, 최고의 자신감을 가질 수 있다. 불가능이 없을 것이다. 그리고 필요하면 이 내용을 최면하라.

제2절 진아암시는 어떠한 자기최면암시보다 효과적이다

1. W.I.N.의결 상태에서의 최면

이제 최면의 개념을 다시 한번 생각해 볼 필요가 있다. 최면은 왜 하는 것일까? 결국 최면은 부정적인 영향을 없애고 긍정적인 영향을 주기 위해 행하는 것이다. 예를 들어 수업시간에 선생님이 갑자기 시켜서 놀란 상태에서 일어나서 책을 읽다가 긴장해서 목소리가 떨리면, 그다음부터는 책을 읽어도 목소리가 떨리고 나아가서 발표해도 목소리가 떨리는 증상이 생기는 거다. 이럴 때 최면을 해서 과거 나쁜 기억을 없애주면 그 영향을 줄일 수 있다. 그런데 여기서 '현황혜안'개념을 가지면 이미 최면해 줘야 하는 내용을 갖추게 되는 것이다. 그리고 어찌 보면 이미 최면상태에 도달한 것과 크게 다르지 않다. 왜냐하면 최면이란 결국 주변영향을 모두 없앤 상태라고 본다면 굳이 최면상태로 또 들어갈 필요 없이 생각만 바꿔 주면 되는 상태가 되는 것이다. 즉 '지금 이 특별한 현재상황에서 어느 누구 어느 시간대와도 다르고 특별한 내가 뭘 어떻게 얼마나 어떤 마음으로 해야 부정적인 영향을 없애고, 긍정적인 상태가 될 수 있을 것인가?'를 탐구한다면 이게 곧 가장 효과적인 최면이 될 수 있는 것이다. 특이종의 마음까지도 상황에 따라 안정되고 편안하게 정해 줄 수 있다면 이것이야말로 곧 최고의 최면이다. 대안정의 마음은 지혜와 직결된다. 이제부터는 굳이 최면상태로 들어가지 않아도 '어느 누구 어느 시간대와도 다르고 특별한 내가 지금 이 특별한 현재상황에서 뭘 어떻게 얼마나 어떤 마음으로 해야 효과적일 수 있을까?'를 탐구한다면 이게 곧 순간적인 최면이며 W.I.N.의결 상태가 되어 주변영향들을 없애주는 것이다. 그리고 최고의 의사결정이 되는 것이다.

매 순간 다른 사람들과 나를 구분하라. 그리고 매 순간 지금의 나를 과거, 미래와 구분하라. 그리고 현재상황을 어느 상황과도 구분하라. 그래서 지금 상황은 어떤 상황인지 파악하라. 그리고 이러한 상황이라면 어떻게 하는 게 현명한지 의결하라. 의식이 이 특별한 현재상황에 늘 머물러 있다면 이게 곧 최고의 의사결정이며, 최고의 최면이며, 최고의 철학이며, 참나인 것이다.

너무 어려운가? 어렵게 생각할 필요 없다. 사람들은 절대적인 진리를 찾기를 바란다. 그러나 그런 거 바라지 말고, 구분한 경우에 한해서 상대진리를 추구하라. 지금 이 특별한 경우에는 뭐가 진리일까를 탐구하라는 거다. 즉 인생의 진리는 수천, 수조, 수경의 상대진리가 존재한다고 보라는 거다. 의사결정의 영역을 한정하라는 거다. 과거의 나가 아니고, 지금의 나의 경우에는 어떤가? 남의 경우가 아니라 내 경우는 어떤가? 그리고 지금 이 특별한 현재상황에서는 어떤가를 탐구하라는 거다. 그래서 항상 지금 이 경우는 어떤가를 탐구할 수 있다면 '현황혜안의결기관'을 지켰다고 볼 수 있다.

제5장
마사지최면

제1절 공감각효과

　공감각효과란 사람의 5감 중에서 2개 이상의 감각을 동시에 자극했을 때의 효과를 말한다. 공감각효과란 1개의 자극을 제시했을 때보다 2개 이상의 감각을 동시에 제시했을 때 훨씬 그 효과가 커진다는 법칙이다. 이는 주로 광고에서 많이 등장하는 법칙인데, 예를 들면 라디오로만 광고를 접했을 때보다 시각 청각이 겸비된 TV가 훨씬 효과가 크다는 이론이다. 좀 생각해 보면 상식적으로 알 수 있는 자명한 이론이라 할 수 있다.

　최면도 마찬가지이다. 말로만 했을 때보다 사고체계를 바로 잡고 마사지를 하면서 암시를 준다면 훨씬 효과가 크다는 것을 쉽게 이해할 수 있다. 왜냐하면 모든 시간적, 공간적인 영향들은 사람 몸에 남아 있기 때문이다. 머리로만 암시했을 때보다 몸을 마사지하면서 몸에 남아 있는 부정적인 영향을 없앴을 때 그 효과는 훨씬 커지는 것이다. 다른 시각, 미각, 후각도 같이 이용하면 효과가 커지겠지만 특히 몸을 마사지하면서 몸에 남아 있는 영향을 없애주면 더욱 효과가 커진다.

제2절 마사지최면은 어떠한 최면방법보다 효과적이다

최면의 목적은 과거에 입력된 나쁜 기억을 없애는 것이다. 나쁜 기억은 몸에 입력되어 말만으로 하는 최면으로는 한계가 있다. 과거의 나쁜 기억들은 몸에도 기억되어 있으므로 단순히 머리로만 이해해서는 그 나쁜 기억들을 완전히 제거하기란 어려울 수 있다. 그래서 청각과 촉감을 동시에 자극해서 암시를 주어야 육체에 기억돼 있는 나쁜 기억들을 충분히 제거할 수 있는 것이다.

물론 단순한 암시만이 아니라 사고방식 자체를 완전히 고치면서 몸에 기억돼 있는 나쁜 기억들을 제거해야 소기의 목적을 이룰 수 있을 것이다.

마사지최면의 구체적인 과정은 별도로 기회를 마련하여 제시하도록 하겠다.

제6장
의사결정 하나하나는
천금을 좌우한다

제1절 인생은 의사결정이다

사람의 인생을 어떻게 정의하느냐에 대해서 많은 의견이 있을 것이다. 하지만 본인의 견해로는 인생을 의사결정으로 정의하는 것이 가장 바람직할 것으로 본다. 여러분의 인생에서 의사결정을 어떻게 내리느냐에 따라 여러분의 인생은 차이가 많을 것이다. 한 상황, 한 상황을 어떻게 의사결정 내리느냐가 바로 여러분의 인생인 것이다. 그 의사결정을 잘했건, 못했건 그것이 바로 여러분의 인생인 것이다. 그리고 그 의사결정의 결과가 여러분에게 주어지는 것이다. 따라서 여러분이 여러분의 인생을 성공적으로 보내고 싶다면 여러분의 의사결정을 성공적으로 내리면 되는 것이다.

특이종신드롬

'현황혜안의결'은 이 책에서 계속 언급했던 세 가지 개념을 잘 이해하면서 의사결정 내리는 걸 의미한다. 여러분이 자율적으로 의사결정을 내리지 않으면 여러분이 의식 못 하는 사이에 주변영향에 이끌려 타율적으로 어리석게 움직이게 된다는 점을 명심해야 한다. 자율 아니면 타율인 것이다. 의결을 남에게 맡기지 마라. 이제 여러분의 인생전반에 주도적으로 자율적으로 마치 한 나라의 왕이나 대통령이 그 나라의 정책을 의사결정 내리듯이 한 상황, 한 상황 의결하라. 여러분은 여러분이라는 작은 나라의 왕이며 대통령이다. 옳다는 확신이 들면 모든 사람이 반대해도 수행하라. 아니라는 확신이 들면 모든 사람이 하라고 해도 거부하라. 가끔 보면 아카데미상을 거부한 사람들을 볼 수 있다. 그리고 아카데미상을 받은 사람보다 거부했다는 사실로 더 유명해지는 걸 볼 수 있다. 아니라는 확신이 든다면 거부하라. 어려워하지 마라. 인생은 여러분의 것이다. 다만 크게 두 가지 축과 한 가지 전략적 개념을 이해하면서 '현황혜안의결'을 잘 내리는 것이 중요할 뿐이다.

'현황혜안의결'은 매 순간, 매 상황 여러분이 주변영향에서 벗어나서 의사결정을 잘 내릴 수 있도록 지침이 될 것이다. 인생은 현재의 연속이므로 '지금 이 특별한 현재상황에서는 나 즉, 지금 이 특이종이 뭘 어떻게 하는 게 잘하는 걸까'를 다른 사람 영향에서 벗어난 나로서, 과거, 미래에서 벗어난 나를 직감하면서 내리도록 하라. 쉽게 말한다면 지금 이 특별한 경우에는 특이종으로서 내가 어떻게 하

는 게 현명할까를 매 순간 생각하며 살도록 하라. 인생에서 의사결
정을 수천 번, 수만 번 내린다고 생각하라. 그것이 여러분의 인생을
성공적으로 만들어 줄 것이다. 많은 사람들이 결정적인 순간에 남들
말에 속거나, 과거, 미래에 속아서 잘못된 결정을 내리고는 평생 후
회하는 경우가 허다하다.

내 주변에 재산이 1조를 넘는 사람이 있었다. 이 사람은 그 아버
지가 옛날 개성상인이셨는데 평생 상인해서 버신 돈으로 모조리 땅
을 사서 외아들인 이 사람에게 상속해 줬다고 한다. 그런데 그 땅값
이 뛰어서 결국 총재산이 1조를 넘게 됐단다. 이 개성상인의 의사
결정은 너무나 훌륭했다고 볼 수 있다. 어떤 땅은 만 배를 넘었다고
한다. 그래서 결국 아들대에 가서 이 큰돈을 만질 수 있게 된 거다.
그리고 더 훌륭한 것은 이 개성상인 아버지가 돌아가시면서 유언
이 "사람을 믿지 마라"였다고 한다. 거의 이 책의 요지에 해당하는
말씀을 하신 게 아닌가 하는 생각이 든다. 즉 가장 사랑하는 외아들
에게 '주변영향으로 흔들리지 말라'는 말씀을 남기시고 돌아가신 거
다. 아마도 여러분이 살면서 이 책의 중요성을 거듭 느끼게 될 것이
다. 사람 말에 속아서 잘못된 의사결정으로 평생 후회하게 되는 경
우가 허다하기 때문이다.

사람은 모두 다 다르다. 그래서 각자의 개성대로 살면 된다. 그런
데 여러분이 개성이라고 생각하는 많은 부분들이 이미 남들의 영향
으로 흔들린 상태일 수도 있는 거다. 그러기 때문에 의사결정이라는

특이종신드롬

말을 사용했다. 하나하나 새롭게 의사결정하라. 그냥 의사결정하면 이미 영향 받아 가늠자가 비뚤어진 상태에서 잘못된 결정을 내릴 수 있으니, 먼저 남들 영향과 과거, 미래 영향에서 구분하고 분리하고 독립하고 자유로워지려고 노력한 상태에서 지혜롭게 의사결정할 필요가 있다는 것이다. 속지 마라! 속지 마라! 속지 마라! 이 말은 아무리 강조해도 지나치지 않다. 남들과 과거, 미래에 또한 고정관념에 속지 마라. 가까운 형님, 아버지, 친구, 변호사, 의사, 부인, 남편, 자식 등등에게 속지 마라. 왜냐하면 그들이 아무리 당신을 사랑하고 같은 편 같아도 당신과 이미 다른 종자이므로 당신에게는 맞지 않는 말을 할 수 있는 것이다. 그러니 당신의 의사결정이 필요한 거다. 그리고 일이 잘못되면 당신 본인만 힘든 것이다. 그래서 부모 말을 안 듣고 서울로 무작정 상경해서 잘되는 경우가 나오는 것이다. 그렇다고 무작정 말을 듣지 말라는 뜻이 아니다. 다른 종자의 말이 당신이라는 유일무이 고유종자에게도 과연 맞는 것인지 재삼, 재사 검토가 필요하다는 거다. 이 책은 내 평생에 걸쳐 살아오면서 이런 지침서가 있어야겠다는 확신이 들어 쓰는 것이다. 특히 젊은 시절 세상에 아무 지침서가 없거나 그저 구독자를 늘리려는 눈에 띄는 언어유희로 여러분을 현혹시키는 너무나 많은 책과 강의들이 얼마나 여러분을 혼란스럽게 하고 있는가? 그래서 여러분이 얼마나 방황하였는가? 이 책은 단언컨대 여러분을 불안, 초조에서 구해 줄 것이며, 여러분을 성공으로 이끌어 줄 것이다. 부디 여러분이

'W.I.N.의결기관'으로 살아 주길 바란다. 그리고 'W.I.N. D.O.' 멤버가 된 것만으로 이미 W.I.N.의결이 시작된 것이다. 그리고 방향을 잡아 줄 것이다. 원과 함께 세상에 좋은 일을 많이 해 주기 바란다. 클럽원 멤버들은 각계각층에서 다 성공할 것이다. 왜냐하면 의사결정의 수준이 성공을 좌우하기 때문이다. W.I.N.의결보다 수준 높은 의결은 이 지구상 어디에도 존재하지 않는다.

현황철학은 이 지구상 어느 나라에도 없다. 대한민국의 레드썬 김영국 박사가 세계 최초로 내놓은 것이다. 현재상황에서 어떻게 의결했느냐가 바로 당신의 인생인 것이다. 이른바 케이철학인 것이다. 내 나이 벌써 칠순을 바라보고 있다. 여력이 생기면 원과 함께 세상에 봉사하고 싶다.

일반적으로 말하는 의사결정과 W.I.N.의결은 차이가 있다. W.I.N.의결은 의사결정이지만 '나'와 '현재'를 올바로 인식하려고 노력하여 주변영향에서 벗어난 상태에서 현명한 의결을 추구하는 걸 의미한다. 친한 친구들이 오랜만에 만났을 때 "오늘 뭐 하면 좋을까?" 한다면 일반적인 의사결정이다. 그런데 모두 수능시험을 엄청 망친 상태라고 하자. 일반적인 의결은 "시험 망쳤으니 집에 일찍 들어가자"일 수 있다. 그래도 만나기 힘든 친구들이 오랜만에 만났다면 '시험은 시험이고, 지금 이 특별한 오늘은 즐겁게 놀자!'라고 의결 내렸다면 W.I.N.의결이라 할 수 있을 것이다. W.I.N.의결이란 '나와 현재' 그리고 '지금 처한 상황'을 똑바로 인식하려고 노력하여 주변영향을 없앤 상태에서 지혜롭게 의결내리는 걸 의미한다.

이제 앞으로는 일반적인 의사결정이 아니라 매 순간 원의결을 내리며 살도록 노력하라. 그리고 이 책 이상의 생활지침서는 존재하지 않으니 정신적으로 더 이상 방황하지 마라. 사람은 누구나 종교나 강력한 철학 둘 중 하나가 필요하다. 이 책은 강력하며 지혜로운 철학으로 여러분을 그 이상으로 안정시켜주고 자신감을 가져다줄 수 있으니 원철학으로 살도록 노력하라.

제2절 주변영향에 현혹되지 마라

아무리 지혜로워지려고 해도 주변영향에 흔들리고 있는 걸 모른 상태에서 의결 내렸다면 그 선택이 지혜롭다고 말 할 수 없다. 항상 다른 사람 영향에서 벗어나려 애써라. 당신과 똑같은 피조물은 이 지구상에 당신 하나뿐이다. 남들이 당신의 사정을 어떻게 이루 다 헤아릴 수 있단 말인가? 당신 인생은 당신만이 가장 잘 알 수 있다. 남이 아무리 대단한 전문가라도 남의 의견은 참고만 하라. 무작정 따르는 것은 대단히 위험한 일이다. 또한 과거, 미래에서 벗어나려고 노력하라. 지금은 많은 상황이 변해 있다. 상황은 계속 변하고 있다. 지금 상황은 과거 상황과 완전히 다르다. 과거를 계속 머릿속에 두고 영향 받고 있다면 절대로 인생을 지혜롭게 보낼 수 없다.

예를 들어 예비고사를 보는데 1교시 국어 시험을 못 봤다고 했을 때, 계속 그 생각만 하고 있다면 2교시 수학시험도 계속 망치게 되는 거다. 1교시는 1교시고, 2교시는 2교시다. 2교시가 되었으면 1교시 국어시험을 잊는 게 당연한 거다. 정신 차려야 할 필요가 있지 않을까? 현재가 과거가 아니라는 생각을 바로 하기 위해서 정신을 바짝 차려야 한다. 최면암시보다 효과적인 것이 바로 이 정신을 바짝 차리는 일이다. 잘 이해하면 어느 정도까지는 이게 그렇게 어렵지 않다는 것을 알 수 있다.

제3절 상황에 따라 최선책이 달라진다

'상황이론'이란 '상황이 바뀌면 최적해가 바뀐다'는 내용이다. 최적해란 전술한 것처럼 가장 정확한 정답을 의미한다. 사람을 죽이면 범죄행위이나. 하지만 진쟁이 일어난 상황이라면 사람을 죽이지 않으면 근무태만이다. 똑같이 사람을 죽이는 행위도 상황이 바뀌면 그 평가가 달라지는 것이다.

쉽게 설명하면 철학에는 실존주의 철학, 금욕주의 철학, 쾌락주의 철학 등 여러 가지가 있다. 하지만 이 철학에 상황이론을 접목하면 시험공부하는 상황이라면 금욕주의 철학이 맞고, 야유회를 가는 상황이라면 쾌락주의 철학이 맞을 것이다. 즉 이처럼 상황에 따라 거기에 맞는 최적해는 바뀐다는 것이다. 따라서 하루가 수천 가지 상황이라면 하루에도 수천 가지 철학이 필요한 것이다.

특이종신드롬

따라서 현재상황이 계속 바뀌므로 이에 맞는 지혜로운 대처안도 매 상황마다 바뀐다는 것이다.

　'현황혜안의결' 즉 'W.I.N.의결'은 현재상황에 맞는 지혜로운 대안을 스스로 그때그때 추구하는 걸 의미한다.

　니체가 주장하는 '극복하고 즐기라'는 '초인'사상은 제목은 참 간결하고 좋았으나, 자신감을 가져다주지도 않고, 정서안정을 시켜 주지도 않아 아마도 불면을 유도하지 않았을까 걱정이 된다. 왜냐하면 사람이 잘 때는 잠을 자야 하는데 '초인'으로 살려고 잘 때도 노력한다면 틀림없이 불면증에 걸렸을 게 뻔하다. 우리 윈철학은 잘 때는 어떻게 하는 걸까? 잘 때는 누워서 일단 남들 영향과 과거, 미래영향에서 벗어나서 윈의결을 하면 된다. 즉 '특이종으로서 지금 내가 지금 이 잠자는 특별한 현재상황에서 뭘 어떻게 얼마나 어떤 마음으로 하면 잘하는 걸까?' 하고 의결해 보라. 지금 당신은 지금 당신의 사정을 가장 잘 아는 사람이다. 나는 힘을 빼고 편하게 꿈을 즐기는 마음으로 있다 보면 저절로 잠이 온다. 물론 내 의견도 남이니 참고하라. 어쨌건 잠자는 상황에서 최선의 처세를 하면 될 것이다. 남들 의견대로 무작정 양을 세거나 숫자를 세지 말고 지금 여러분 자신에게 맞는 방법을 새롭게 윈의결해서 추구해 보라. 레드썬이 주장하는데 이제 감각기관이 아니라 '현황혜안의결기관'으로 살도록 하라. 가장 똑똑한 사람이 처세하는 방법이다. 바로 당신이 'W.I.N.'의결을 하고 있지 않다면 어느 부분 어리석어 있다고 이해하면 된다. 의

무라고 생각하지 말고, 어리석은 걸 깨우친다고 생각하라.

이 경우는, 이 경우는, 특별한 이 경우는 특이종으로서 지금 내가 어떻게 하면 잘하는 걸까를 구분해서 의결할 필요가 있다.

제4절 '긍정적 사고'가 필요한 게 아니라 '상황구분적 사고'가 필요하다

우리는 긍정적 사고방식에 대해 많은 저술을 접한 바 있다. 하지만 모든 상황에 맞는 이론은 존재하지 않는다. 따라서 긍정적 사고방식이 오히려 해가 되는 상황도 있다는 점을 간과해서는 안 된다. 예를 들면 어려운 상황인데 무작정 긍정적으로 선택하는 게 좋을 줄 알고, 사업을 벌였다가 부도난 사람도 적지 않을 것이다. 따라서 무조건 긍정적 사고방식을 가지라는 조언은 얼마나 무책임한 조언인 것을 잘 알아야 할 것이다. 따라서 상황에 따라 현명한 선택은 달라질 수 있다는 걸 명심해야 한다.

옛날에 중학교 다닐 때 한 친구가 대인관계를 어떻게 해야 하는지 잘 모르겠다며 고민하고 있었다. 그래서 내가 대인관계를 누굴 상대로 할 것인지 구분해서 생각해 보라고 했더니 고민이 해결됐다고 하는 얘기를 들은 적이 있다. 즉 사람 상대하는 걸 모든 경우에나 맞는 방법을 찾으려하면 불가능에 가깝다. 그러나 친구를 상대할 때, 선배를 대할 때, 부모를 대할 때, 여자친구를 대할 때, 후배를 대할 때 등으로 나누어서 답을 구한다면 그 답을 훨씬 쉽게 구할 수 있을 것이다.

이처럼 상황을 구분해서 문제를 푼다면 훨씬 쉬울 것이다. 예를 들면 공부도 현상 유지하기 위한 공부가 있고, 성적을 올리기 위한 공부가 따로 있다. 영어공부할 때와 국어공부할 때는 방법이 완전히 달라진다. 하면 되는 게 있고, 해도 안 되는 게 따로 있다. 어떤 경우에도 통하는 절대적인 진리를 추구하는 건 대단히 위험한 일이다. 나누어서 생각하라. 구분해서 사고하라.

수학에도 나오지 않는가? '경우의 수'가 바로 그것이다. 여러 경우, 여러 상황으로 나누어 의사결정하라. 당신의 처세는 상황에 따라 하루에도 수십 번 바뀌어야 한다. 예를 들면 서울을 가려면 수천 번 꼬불꼬불 방향을 틀어야 도달할 수 있는 것처럼 말이다.

누구도 책임져 주지 않는다. 일이 잘못되면 당신만이 책임지게 되는 걸 잊으면 안 된다. 변화를 두려워해선 안 된다. 다가오는 특별한 현재상황마다 지혜롭고 똑똑한 처세로 대응해 나간다면 불가능이 없을 것이다.

상황에 따라 정답이 달라질 수 있다는 걸 명심해야 당신은 지혜로워질 수 있다.

제5절 W.I.N.의결

'W.I.N.'의결이란 세 가지 개념을 잘 이해하고 지혜롭고 똑똑하게 의사결정 내리는 걸 의미한다. 특이종의 이상적인 한 걸음을 의미한다. 의사결정인데 윈의 세 가지 조건을 모두 갖춰 주변영향에서 벗어난 지혜로운 의사결정이라는 뜻이다. 그런데 W.I.N.의결은 어떻게 해서 생겨났을까?

내가 전술한 바와 같이 정서불안이 심한 수십만 명을 최면하고 이 사람들의 특징을 귀납적으로 분석한 결과 세 가지 타입으로 나누어 볼 수 있었다. 첫째 모든 의사결정에서 스스로 결정하지 못하고 주변사람의 영향으로 결정한다는 사실이다. 둘째, 이들은 현재를 똑바로 인식하지 못하고, 현재상황을 과거나 미래상황으로 착각한다는 점이다. 셋째, 그때그때 지혜롭지 못하고 일정한 고정관념으로 대응하려 한다는 점이다.

그래서 위 세 가지 조건을 동시에 해결할 수 있는 방법으로 W.I.N.의결을 제안하게 되었다. 위 조건이 하나라도 해결이 안 되면 정서불안으로 빠질 수 있기 때문에 세 가지 조건이 동시에 해결되어야 했다. 그래서 첫째, 나 자신이 어느 누구 어느 시간과도 다르고 특이한 걸 매번 생각하게 했다. 그리고 둘째, 항상 현재 이 상황이 특별하다는 점에 집중하게 했다. 과거, 미래에서 빠져나와서 지금 이 상황에 항상 집중하도록 했다. 그리고 마지막으로 지금 이 특별한 상황에서 항상 현명하도록 했다.

그러다 보니까 위 세 가지를 '특이종과 특이상황'의 질문형식으로 다듬다 보니 "'특이종으로서 지금 내'가 도대체 뭘 어떻게 얼마나 어떤 마음으로 해야 과거, 미래가 아니고 특별한 '지금 이 현재상황'을 현명하게 살리는 걸까?"로 압축할 수 있었다. 그래서 이 한 문장에는 위에서 귀납적으로 함축한 세 가지 내용이 담겨지게 했기 때문에 이 질문에 답하다 보면 정서불안한 사람들이 가지는 세 가지 주변영향들에서 자연스럽게 벗어날 수 있게 되는 것이다. 이 책의 결론이다. 한 걸음, 한 걸음에 집중하라. 당신이 당신의 한 걸음을 제대로 보내고 있다면 당신은 희망적이라 할 수 있다.

이 '특이종과 특이상황' 내용에 세 가지 개념이 모두 포함되어 있다.

쉽게 말하면 사람들은 실패의식으로 '나'와 '지금'을 엄청나게 무시하고 학대한다. 그래서 '나'와 '지금'은 온데간데없고 온통 주변요인들이 판을 치는 것이다. 이를 되돌리지 않고는 사고방식을 바로잡을 수 없다. 따라서 '나'와 '지금'은 너무나 소중하므로 상황과 상황을 나누어 생각하라. 지난 상황과 이번 상황은 다르다. 그래서 지난 상황에 맞는 방법으로 이번 상황에 처세하면 안 된다. 지금은 특별한 지금 상황만 생각한다. 이번은 이번 상황에 맞는 그래서 '나'와 '지금'을 살릴 수 있도록 새로운 지혜로운 방법을 찾아서 처세하면 된다.

위 개념을 잘 이해해 보면 다음과 같다. 즉 "어느 누구 어느 시간대와도 다르고 특별한 종자인 '지금 나'는 뭘 어떻게 얼마나 어떤 마음으로 해야 특별한 '지금 이 현재상황'을 현명하게 살리는 걸까?".
특이한 종자가 지금 이 현재상황을 지혜롭게 보내고, 그다음에 또 돌아오는 지금 상황을 지혜롭게 보내기 위해 또 최선을 다하라. 그게 클럽 'W.I.N.'의 추구하는 목표이다. 그 W.I.N.의결을 반복하다 보면 주변영향에서 벗어나서 인생을 가장 지혜롭게 보낼 수 있게 된다. 불심이라는 말이 있다. 불교에서는 '진아'를 찾으면 성불했다고 한다. 물론 불교에서의 진아는 '무영향' 상태를 의미하는 것이 아닌가 생각된다. 하지만 내가 볼 땐 진아는 상황에 따라 다르며 일부 주변영향을 받을 수도 있다고 생각한다. 완전한 '무영향' 상태가 아니라도 진아 상태가 되면 능력을 배가 시킬 수 있다.

내가 볼 때 진아는 누차 강조하듯이 주변영향들에서 벗어나서 의사결정을 행하는 자체이며, '주변영향에서 벗어난 현아'를 의미한다. 따라서 W.I.N.의결을 제대로만 추구하면 불안, 초조를 없애는 건 물론이고, 능력이 배가될 수 있고 '진아'를 접할 수 있다는 걸 알 수 있다. 왜 그런가 하면 '현아' 즉 '주변영향들을 받는 의결기관'에서 첫째, '특이종으로서 지금 나'를 강조하면서 남들로부터 받은 암시와 영향에서 자유롭게 벗어나게 되며, 둘째, 특별한 '지금 이 상황'을 강조하면서 과거, 미래에서 받은 영향에서 벗어날 수 있으며, 셋째, 현명을 강조하면서 어리석은 고정관념에서 벗어나게 되기 때문이다. '현아'에서 대부분을 차지하는 세 가지 주변영향들을 모두 제거하면 진아가 나타난다.

일종의 불심효과를 볼 수 있다는 것이다. 뿐만 아니라 여러분이 사기당하는 걸 막아 줄 것이다. 장담하건대 당신이 특이종인 걸 받아들이는 순간 당신의 고민이 현격히 줄어들 것이며 집중력, 자신감이 배가 되어, 누구나 신드롬을 일으킬 수 있게 될 것이다.

어떤 이는 매번 어떻게 수백 번씩 어떻게 의사결정하느냐고 걱정하는데, 매번 의결 내리는 게 훨씬 자연스러운 일이다. 한 번 내린 의결로 통일하는 것보다 매번 매 특별한 상황마다 의결해 주는 게 정신적으로 훨씬 정서적으로 안정돼 있다고 볼 수 있다. 자율 아니면 타율이다. 그때그때마다 의결해 주지 않으면 사람은 본능적으로 주변영향에 이끌리게 되므로 정확한 답이 아닐 수 있다는 생각에 불안감이 생기기 마련인 것이다. 그러므로 정서적으로 안정감을 찾고 싶다면 세 가지 개념을 충족하는 '한 가지 원의결' 즉 '현황혜안의결'을 자율적으로 늘 해 주는 게 좋다. 원의결을 할 때마다 위의 주변영향의 대부분을 차지하는 세 가지 영향에서 자유로워지게 되는 것이다. 그렇게 되면 정서불안한 사람들이 가지는 세 가지 타입에서 벗어나 대부분의 주변영향을 극복할 수 있게 된다. 이처럼 세 가지 문제점을 극복하면 그게 곧 놀라운 자신감을 갖게 되는 걸 의미한다. 자신감이란 극히 정서가 안정된 상태를 의미하며 주변영향에서 완전히 벗어난 상태이다. 만약 여러분이 링 위에서 복싱을 한다면, 고등학생을 상대로 할 때와 세 살짜리 어린애를 상대로 복싱할 때를 비교하면 어느 때가 더 자신감이 있을까? 당연히 세 살짜리 어린아이와 할 때이다. 그때는 어떤 마음일까? 측은한 마음이 들 것이다. 이 아이가 죽으면 어쩌지 하는 측은한 마음, 그게 최고의 자신감 상태인 것이다.

따라서 자신감 있는 상태란 세 가지 문제점이 없어져 주변영향에서 벗어나서 무심하고 측은해진 상태인 것이다. 그런데 여기서 주목할 점은 인간이기 때문에 한 번에 완벽하지 않을 수도 있다는 걸 이해하는 것이다. 특이종인 걸 인식하면 다른 사람의 영향을 받지 않는다는 것인데 실패의식에 빠져 있는 상태라면 어느 정도는 영향을 받을 수밖에 없을 수 있다. 그래서 현재상황을 파악할 때 이 점까지 이해하는 것이 필요하다.

결국 세 가지 문세점은 '특이종'과 '특이상황'이라는 두 가지 축과 한 가지 전략적 변수로 압축할 수 있다.

첫째, 특이종인데도 불구하고 어느 정도는 주변영향을 받고 있는 점을 포함한 이 특이한 현재상황을 파악한다. 그리고 이 현재상황은 과거, 미래뿐 아니라 어떤 상황과도 다르다는 점을 확실히 이해한다.

둘째, 이 특이한 현재상황에서 특이종으로서 내가 뭘 어떻게 하는 게 최선책인가를 의사결정 내린다.

따라서 W.I.N.의결은 위 특이상황과 특이종의 두 축과 한 가지 전략적 개념으로 이해하고 적용하는 게 결론이다.

제6절 W.I.N.의결의 예

　W.I.N.의결은 문제가 있을 때만 하는 게 아니다. W.I.N.은 늘 매 특별한 상황마다 W.I.N.의결을 추구하는 게 당연하다. 예를 들어 운전하는 상황이면 "'지금 이 특이종'은 특별한 '지금 이 드라이브하는 상황'에서 뭘 어떻게 어떤 마음으로 해야 드라이브를 잘하는 게 되는 걸까?"를 의결하면서 운전하면 좋을 것이다. 또 지하철 타고 어디 가는 상황이면 "'지금 이 특이종'은 '지금 이 지하철 타는 특별한 상황'에서 뭘 어떻게 어떤 마음으로 해야 현명한 걸까"를 의결하면서 시간을 보내면 된다. 개념을 잘 이해하고 적용하면 어렵지 않다. 사고의 폭을 지금 상황으로 축소하고, 나의 경우로 한정하면서 훨씬 지혜로워지게 된다. 당신 인생의 5분 상황을 성공적으로 보내고, 또 그다음 5분 상황을 또 성공적으로 보내면 된다. 어떤 전문가의 말일지라도 맹신하지 마라. 당신 인생, 당신 사정, 당신 상황에 대해 지금 당신만큼 잘 아는 사람은 없기 때문이다. 지금 5분 상황을 기왕이면 최고로 행복하고 즐겁게 보낸다고 해서 잘못될 게 있을까?

　'지금 이 특이종'은 '지금 이 특별한 현재상황'에서 뭘 어떻게 얼마나 어떤 마음으로 대응하면 편하고 현명하고 효율적이겠는가? 과연 그렇겠는가? 만약 조금이라도 불편하다고 느껴지면 '어떻게 하면 편하겠는가?'를 다시 추구해 보라.

W.I.N.의결을 1분마다 할지, 10분마다 할지, 1시간마다 할지, 생각날 때마다 할지, 큰 경우마다 할지 이 모든 것은 당신의 의결에 달려 있다. 당신에게 맞아야 한다. 당신이 편하면 되는 거다. 이제 당신은 당신 즉, '지금 이 특이종'이라는 작은 나라의 최고 의사결정 기관이다. 남들 하는 대로 따라 하지 말고, 과거 하던 대로 하지 말고, 일정한 룰에 따라 하지 말고, 현재 즉, '지금 이 상황'에서의 특이종으로서 당신의 의결에 따라 주도적으로 살도록 하라.

그러면 첫째, 남들로부터 받은 부정적인 영향, 둘째, 과거, 미래로부터 받은 부정적인 영향, 셋째, 고정관념으로부터 나오는 부정적인 영향에서 자연스럽게 벗어나게 된다. 참고로 나는 그때그때 상황이 바뀌었다고 생각이 들 때마다 W.I.N.의결을 해 주고 있다. 사람마다 다르므로 이제부터는 현재 당신이 의결 내린 대로 살면 된다.

아래 예들은 이해를 돕기 위해 특별한 경우를 살펴본 것이므로 특정한 경우에만 W.I.N.의결을 하는 게 아니고 항상 매 상황마다 특별하다고 생각하고 W.I.N.의결을 하는 게 당연하다는 점을 잊으면 안 된다. 이는 곧 매 상황마다 남들 영향에 의해서가 아니라, 과거, 미래가 아니라, 고정관념대로가 아니라, 특이종으로서 지혜롭게 대응해야 하는 걸 의미한다. 당신 자체를 하나의 의결기구로 생각하라. 그리하면 당신의 인생은 이제 비로소 운명을 거스르며 인생을 개척할 수 있고 집중력, 자신감을 회복하며 당신의 구상대로 나아갈 수 있는 것이다.

특이종신드롬

1. 발표불안을 없애야 할 때

평소 발표불안을 가지고 있는데 갑자기 발표를 해야 하는 경우에는 어째야 할까? 당연히 중요한 게 의결권을 다른 사람이나 과거, 미래에 뺏기지 않는 것이다. 그래서 일단 과거, 미래에서 벗어나야 한다. 가장 중요한 건 특별한 현재상황을 확실하게 파악하는 거다. '지금 이 특이상황'은 과거, 미래와 확실히 다르다는 걸 인식한다. 과거에는 발표불안이 있었지만 지금 이 상황은 과거와 완전히 다르고 특별하므로 꼭 발표불안이 있다고 볼 수 없다. 과거에 불안했다고 지금도 그러라는 법은 없다. 현재는 과거가 아닌 것을 확실히 이해한다.

그다음 '지금 이 특이종'은 어느 누구와도 다르며 특별하다. 남들 의견과 내 의견이 꼭 같으라는 법은 없다. '지금 이 특이종'은 남들과 과거의 나와 종자 자체가 다르고 특별하다. '지금 이 특이종'은 나만의 특별한 방법으로 발표를 하는 게 당연하다. 모든 사람들이 발표방법이 다 다르듯이 '지금 이 특이종'은 나만의 특별하고 괴상한 방법으로 발표하는 게 당연하다.

중요한 건 만약 그래도 떨린다면 그게 현상황이다. 떨리는 '지금 이 특별한 상황'에서는 '지금 이 특이종'은 어떻게 발표하는 게 현명하게 잘하는 걸까? 이 판단을 하면서 '지금 이 특이종'을 다른 시간이나 다른 사람들로부터 종자 자체를 완전히 구분하고 분리하고 독립하려고 노력한 상태에서 발표를 하면 된다. 조금 발표를 하고 위의 과정을 다시 거친다. 계속 어떻게 하는 게 좋을까를 계속 생각하면서 발표를 한다. 물론 처음에 잘 안 되고 있다면 안 되는 그 상황을 잘 파악해서 그 상황에 맞는 대안으로 처세해 나가면 된다. 나를 믿고 계속 발표하면 된다.

이 간단한 '현황혜안의결'만으로도 많은 사람들이 놀라운 효과를 보고 있다. 공통된 의견은 최면을 병행하면 좋겠지만 이 방법만으로도 이미 정서적으로 안정된 효과를 볼 수 있다는 확신이 든다는 것이다. 자기 스스로가 자신의 운명과 싸워 이기고 있다는 느낌이 든다고 말하고 있다. 자기 자신을 스스로 살펴보면서 발표할 수 있는 여유가 생긴다는 것이다. 그리고 이 상태에서 최면을 병행한다면 훨씬 효과가 커지는 것은 당연하다. 만일 원의결을 하지 않고 최면만 하면 그 효과는 시간이 지나면서 다른 주변영향으로 줄어들게 당연하다. 그러므로 '현황혜안의결'은 선택이 아니라 필수다.

2. 시험공부를 잘하고 싶을 때

역시 중요한 게 의결기능을 회복하는 것이다. '지금 이 특별한 현재상황'에서 '지금 이 특이종'은 뭘 어떻게 어떤 마음으로 해야 공부를 잘하는 거라고 볼 수 있는 걸까를 생각하며 공부한다. 과연 지금 이대로 하면 몇 등이나 하겠는지 스스로 냉정하게 판단해 보라. 그리고 지금 이 특별한 상황에서 성적을 올리려면 어째야 하겠는지 의결해 보라. 지금 이 상황에서 좀 더 집중력을 올리려면 어째야 하겠는지 의결해 보라. 스스로 생각하면 알 수 있다. 당신의 인생에 관한 한 당신은 천재다. 누구도 따라올 수 없다. 그리고 그 의결에 따라 움직여라. 의결이 없다면 움직임도 없다. 그러다 보면 스스로 알게 된다. 이렇게 하면 성적이 오르겠구나. 이 과목은 이렇게 하면 되겠구나. 그런데도 자꾸 잡념이 생긴다면 그게 현상황이다. 그 특별한 현상황에서 어떻게 하면 지구에서 하나뿐인 '지금 이 특이종'이 집중력을 더 올리고, 능률을 높일 수 있는지 의결하라. 예를 들어 wisdom이라는 단어를 암기할 때는 어떻게 암기하면 나중에 잘했다는 생각이 들까를 생각하면서 암기한다. 당신만의 특별한 방법으로 하는 게 현명하다고 판단이 서면 그렇게 하라. 다른 더 좋은 방법이 현명하다고 판단이 서면 그리하라. 모든 건 상황에 따라 다르다.

원의결을 해 갈수록 당신은 당신이 뭔가 점점 알차지는 걸 느낄 수 있으리라. 대개 재수하면 한 번 더 하는 거니까 당연히 성적이 오르리라고 생각하기 쉽다. 그런데 해 본 사람들은 알 것이다. 십수를 해도 성적을 올리기는 쉽지 않고 오히려 떨어지기가 쉽고, 성적을 올리려면 방법이 바뀌어야 한다는 걸. 그게 바로 원의결이다. 원의결이야말로 당신 성적을 원하는 대로 올릴 수 있는 방법이다. 이는 곧 자기 자신을 통제하는 방법이기도 하기 때문이다. '지금 이 특별한 현재상황'에서 '지금 이 특이종'의 최고의 대안을 추구하고, 그다음 상황에서 또 최고의 대안을 추구한다. 만약 잡념이 생기면, 잡념이 생기는 상황에서의 최고의 대안을 추구한다. 그래서 원의결은 천하무적인 거다. 어떤 상황에서도 살아남을 수 있다. 이제 '지금 이 특이종'에게 시간만 주어진다면 천하무적이다.

3. 친구들과 수다를 떨 때

역시 의결기능을 회복하여 '지금 이 특별한 현재상황'에서는 '지금 이 특이종'은 뭘 어떻게 어떤 마음으로 친구들과 어울려야 좋겠는지를 의결하면서 어울려라. 전체 상황파악을 잘하는 게 가장 중요하다. 지금 이 상황에서 이 말과 행동이 지혜로운 것인지 판단해 보라. 지금 이 상황에서 지금 이 특이종에게 더 좋은 말과 행동은 뭐가 있을지 생각해 보라. 역시 당신만의 괴상하고 특별한 방법으로 하는 게 좋겠다는 판단이 서면 그리하라. 무난한 게 좋겠거든 그리하라. 잊지 마라. 현재 이 특별한 상황에서의 최선을 취하면 그뿐이다. 수다 떠는 목적이 즐기는 것이라면 실컷 즐겨라. 다른 목적이 있다면, 그 목적에 맞는 현명한 처세를 하라. 다음날이 시험인 상황이라면 대충 둘러대고 자리를 빠져나온다. 특별한 상황 상황에 따라 필요하다면 카멜레온처럼 변하며 처세하라.

4. 여자, 남자 사귀고 싶을 때

역시 방법은 동일하다. 지금 이 경우, 이 상황, 이 특별한 시추에이션에서 '지금 이 특이종'이 뭘 어떻게 어떤 마음으로 해야 당신이 좋아하는 여자와 잘 사귈 수 있도록 현명해지는 걸까를 의결해 본

특이종신드롬

다. 항상 '지금 이 특별한 현재상황'이 어떤 상황인지를 잘 파악하라. 마찬가지로 당신만의 괴상하고 특이하고 요상한 방법이 아니어도 좋다. 그 상황에서 현명하다면 그 뿐이다. 그리고 계속 그때그때 상황 변화에 따라 '지금 이 특이종'의 '지금 이 특별한 현재상황'에 대한 W.I.N.의결을 해 주면 된다.

대체로 W.I.N.의결을 수행한 소감은 의결권을 회복한 느낌이므로 사람들은 눈이 부릅떠지는 듯한 느낌이며, 더 똑똑해진 느낌이며, 훨씬 자연스러워진 느낌이라고 말하고 있다. 약간 호전적이 돼가는 느낌이라면 잘하고 있는 것이다. 대단히 침착하고 여유로워진 느낌이면 잘하고 있는 것이다.

제7장
결론

    이 책에서 강조하는 개념은 가급적 당신의 의결기능을 자율적으로 회복하여 진짜 지금 모습 즉 '지금 이 특이종'이 추구하는 현황혜인으로 특별한 한 상황, 한 상황을 지혜롭게 보내는 방법을 서술하고 있다. 니체는 '초인'사상으로 '극복하고 즐기는 인간상'을 주장했지만, 현실적으로 너무 어려웠고 효과 면에서도 불확실해서, 이 책에서 현실적으로 적용가능하고, 효과 면에서도 자신감을 가질 수 있는 확실한 대안을 제시했다. 그게 바로 현황철학이다. 많은 정서 불안한 사람들이 가지는 세 가지 문제점을 귀납적으로 추론해 보았고, 이 세 주변영향들을 극복할 수 있는 '특이상황과 특이종'의 의결과정을 제안하였다. 그게 바로 'W.I.N.의결기관' 즉 '현황혜안의결기관'이다.

감히 주장하건대 감각기관이 아니라 의결기관 즉, 'W.I.N.의결기관', '현황혜안의결기관'으로 살아라. 같은 개념이다. 현재와 나를 제대로 인식하려고 노력하고 한 경우, 한 경우를 지금 당신의 현명한 의사결정을 통해 헤쳐 나간다면 다른 사람들이나 과거, 미래로부터의 영향력을 없앨 수 있어 불안, 초조 등에서 벗어날 수 있고, 온갖 번뇌에서 자유로울 수 있다는 방안을 제시하였다.

　윈의결은 크게 본다면 결국은 특이상황과 특이종의 개념과 전략적 대처 부분이다. 즉 '지금 이 특이종'은 '지금 이 특별한 현재상황'에 현명하게 대처한다는 부분이다. 이 개념만 확실히 추구한다면 주변영향에서 흔들리는 나 자신을 바로잡을 수 있고, 현재상황을 과거, 미래와 착각하지 않을 수 있으며, 매 특별한 상황마다 거기에 맞는 특이종의 지혜로운 대안을 추구할 수 있게 될 것이다. 각자에게 맞는 방법으로 이해하고 적용하면 좋을 것이다.

　어찌 보면 당연한 얘기인데 자꾸 이렇게 반복하는 이유는 사람이 실패의식에 빠지다 보면 이 당연한 사실이 너무나 쉽게 주변영향으로 흔들리기 때문이다. 그 상황에서의 혜안을 추구해야 하는데 무작정 남들을 따라 하거나 과거 하던 대로 하거나 이상한 규칙을 만들어 따르려 한다는 것이다. 그래서 나중에 보면 너무나 바보짓을 했다는 걸 깨닫게 된다. 그래서 참자아는 '감각기관'이 아니라 '의결기관'이라는 점을 명심해야 한다. 그래서 어떤 주변영향에도 참고는 하되 흔들리지 않도록 해야 한다.

이 실현을 위해 클럽 'W.I.N.'과 함께 하며 노력한다면 '지금의 내'가 주변의 다른 시간대의 나나 다른 종자들과 구분하고 분리하며 독립돼 있다는 걸 이해하며, 지금 상황에 맞는 지혜로운 대안을 추구할 수 있게 된다. 그렇게 되면 주변영향에 흔들리는 자신을 이해하여 현명한 대책을 세울 수 있으며, 언제나 자신감 있게 인생을 살아갈 수 있으며, 여러분의 인생을 성공으로 이끌 수 있다고 생각한다.

지금까지 내가 최면한 사람의 숫자는 대략 수십만 명에 달하는데, 사람들이 자신감을 잃고 나쁜 증상에 빠지는 경우를 보면 누차 말했듯이 크게 세 가지 경우로 분류해 볼 수 있었다. 첫째는 내가 나로서가 아니라 다른 사람의 영향으로 의사결정해 가는 정도가 심한 경우, 둘째는 현재상황을 제대로 파악하지 못하고 과거, 미래로 나의 의사결정이 온통 영향 받은 경우, 그리고 셋째는 상황, 상황에 따라 변화하며 지혜롭게 대처하지 못하고, 늘 고정관념에 따라 의사결정하는 경우이다. 이 세 가지 경우 중에서 하나라도 문제가 생기면 정서불안에 빠져 불면증, 우울증, 대인공포, 발표불안, 불감증 등의 나쁜 증상을 가지게 되는 것이다. 이 책에서 이 세 가지 문제점을 동시에 해결할 수 있는 사고방식을 제안하였다. 그것이 바로 'W.I.N.'의결이다. 이 세 가지를 확실히 이해하여 특이한 현황과 특이종 구축과 한 가지의 지혜로운 대처 부분으로 정리하는 게 가장 중요하다.

'특이종으로서 지금 나'는 뭘 어떻게 얼마나 어떤 마음으로 해야 '지금 이 특별한 현재상황'을 지혜롭고 똑똑하게 살릴 수 있을까?

소크라테스는 '너 자신을 알라'라고 말한 것으로 유명하다. 이는 당신이 유일무이한 특이종인데도 불구하고 주변영향으로 흔들리고 있는 걸 알라는 의미로 해석할 수 있다. 나는 여기에 '너의 현황을 알라', 즉 '지금 이 특별한 현재상황을 알라'는 말을 추가하고 싶다. 당신의 인생은 바로 '지금 이 현재상황' 안에 다 들어 있다. '지금 이 현재상황'을 들여다보면 당신이 성공할지 실패할지 행복할지 불행할지 다 알 수 있다. 불교에서는 무영향 상태인 진아를 늘 의식하고 살도록 가르치고 있고, 그렇게 하면 많은 능력이 생기는 것으로 알려져 있다. 그러나 이 책에서는 굳이 무영향 상태가 아니어도 좋다고 말하며 '주변영향에서 벗어난 의사결정 자체'가 진아이므로 진아를 매 순간 의식적으로 인식할 필요는 없다고 말하고 있다. 진아는 인식과 관계없이 존재하기 때문이다. 당신은 현황혜안을 추구하는 특이종으로 살면 된다. 진아는 바로 '지금 이 특이종'이 추구하는 '지금 이 특이상황'에 대한 현황혜안의결이며 인식과 관계없이 존재한다는 걸 깨우쳐 주고 있다. 나아가 이 책에서는 원의결로 '지금 이 현재상황'을 늘 의식하고 대응하며 살도록 하고 있다. 왜냐하면 실패의식에 빠지면 지금 이 특이상황과 특이종을 제대로 파악하지 못하기 때문이다. 눈을 감는 것과 마찬가지다. 눈을 떠야 한다. 복싱

선수는 그렇게 맞는 상황에서도 눈을 똑바로 뜨는 훈련을 한다고 하지 않는가? 눈을 뜨는 것, 즉 '지금 이 특별한 현재상황'과 '특이종'을 똑바로 인식하는 건 당신에게 놀라운 발전을 가져올 것이다. 왜냐하면 인생은 '지금 이 현재상황'의 연속이며 이를 특이종으로서 인식하고 대처하지 못하는 동안은 다른 상황에서 했던 대로 하는 것이기 때문이다. 따라서 현재상황과 특이종을 제대로 파악하는 건 필수적인 작업이다. 그래야 비로소 현재를 내 것으로 만들 수 있게 된 것이다. 당신 인생에서 당신이 하찮고 별 볼 일 없는 엑스트라에서 주인공으로 등극하는 순간이다. 이 지구상에 당신과 똑같은 존재는 당신 하나뿐이다. 이를 명심하라. 이제야 비로소 집중력, 자신감을 차치하고라도 당신이 레드카펫을 밟고 진정한 주인공으로 등장한다. 당신 인생을 제대로 살 수 있게 된 것이다.

이 책은 다른 책들과 달리 간략하고 반복적으로 쓰였다. 그 이유는 중요한 요지를 빨리 전달해서 최대한 많은 사람이 쉽게 읽도록 하기 위해서였다. 그래서 '특이종신드롬'이 어서 빨리 일어나서 온 세상에 퍼지길 바란다. 나머지 긴 얘기는 'W.I.N. D.O.' 또는 'Wise D.O.'에서 하기로 한다.

여러분이 평소 의식하지 못했던 쓸데없는 주변요인들로부터도 완전히 구분하고, 분리하고, 영향 받지 않는 생활을 하기 위해 'W.I.N.'과 함께한다면 진정 제대로 된 생활을 회복할 수 있으며 나아가 진아를 접하게 되리라. 그리고 어떤 일에서건 원은 당신을

특이종신드롬

승리할 수 있게 지켜 줄 것이다.

　인생은 사람들에게 실망해 가는 과정이다. 자식들에게 실망하게 되고, 부부 사이에 실망하게 되고, 친구들에게 실망하게 되고, 전문가에게 실망하게 되고, 스스로의 고정관념에 실망해 가는 게 인생이다. 처음부터 기대를 하지 말았어야 했다는 걸 깨달아 가는 과정이라고 하는 게 더 정확한 표현일 것이다. 그러니 아예 정신을 바짝 차리고 어느 누구, 어느 시간대의 나에 의존하지 말고 '지금 이 특이종'이 '지금 이 특이상황'에 대하여 지혜롭게 내리는 의결을 따르는 훈련을 하는 게 중요하다. 당신이 믿을 건 오로지 '지금 당신 자신의 지혜'라는 사실을 절대로 잊어서는 안 될 것이다. 그게 바로 당신의 참자아이기 때문이다. 그래도 당신 자신의 시시콜콜한 속사정을 가장 잘 아는 사람은 바로 당신 자신이기 때문이다.

　'현황혜안의결기관'으로 살아라. '일물일어설'처럼 특별한 현재상황에서 특이종으로서 지금 당신의 최고의 처세는 하나라고 보는 게 맞을 것이다. 그런데 이 현재상황에서 무턱대고 남들처럼, 과거처럼 해서 최고의 처세가 될 수 있겠는가? 바둑 둘 때 보면 한 점 때문에 승패가 갈릴 수 있지 않은가? 당신의 인생도 마찬가지다. 한 상황에서 한 번의 의결이 당신의 인생을 완전히 뒤바꿔 놓을 수 있다. 의결 하나는 수천 금을 좌우한다. 그리고 시간에 따라 상황은 완전히 바뀐다. 지금 상황을 똑바로 인식하고 특이종으로서 지혜롭게 처세하는 게 가장 중요하다.

미국에서 타이레놀을 먹고 사람이 죽은 사건이 발생한 적이 있다. 미국에서 약을 먹고 사람이 죽었으니 어찌 됐겠는가? 즉시 매출은 즉각적으로 거의 제로로 떨어져서 사업을 접어야 했다. 많은 전문가들도 타이레놀을 즉시 접어야 한다고 의견을 냈다. 이미지만 나빠지고 재고만 쌓인다는 거였다. 그런데 그 당시에 다행히도 P.O.S.시스템(바코드) 덕분에 타이레놀 전국매출이 바로 바로 집계될 수 있었다. 그 결과 본부에서 현재상황이 빠르게 호전되는 걸 알 수 있었고, 결국 본부에서 타이레놀을 계속 판매하자는 의사결정을 내려서 전 세계적인 타이레놀이 사람이 죽었는데도 현재까지 알짜 약품으로 살아남을 수 있었다. 현황을 제대로 파악하여 의결내리는 일은 이처럼 대단히 중요한 일이다.

많은 기업들이 의결과정을 표준화한다. 과학화하기 위해서이다. 특히 G.E.의 경우에는 모든 의사결정 보고서를 제출하기 위해서는 경쟁사의 지난 3년간의 전략, 향후의 예상전략을 보고하고 나서 G.E.의 현황과 향후 3년간의 전략을 제시하도록 해 놓고 있다. '현황혜안의결'도 레드썬이 오랜 기간 많은 고민 끝에 결론 내린 의결과정이므로 놀라운 효과를 예상할 수 있다.

여러분이 이 책을 읽으면서 적어도 '인생은 의결과정이며, 의결과정이 주변영향으로 심하게 흔들리면 정서불안이 야기될 수 있다'라는 사실 하나만이라도 제대로 이해했다면 반은 성공이라고 볼 수 있다. 그리고 나아가 '현황혜안의결기관'으로서 한 걸음, 한 걸음 나아가고 있다면 대부분의 주변영향을 없애는 것이므로 머지않아 특이종신드롬을 기대할 수 있을 것이다. 여러분은 모두 누구와도 종자 자체가 다른 특이종이며, 특이종으로서 눈만 제대로 뜨고 특별한 현재상황을 제대로만 파악해서 의결 내린다면 누구나 신드롬을 일으킬 수 있다. 골프선수라면 한 샷, 스케이트선수라면 한 걸음, 공부하는 학생이라면 5분간의 공부과정, 발표불안이 있는 사람이라면 5분간의 발표과정에 모든 게 녹아 있다. 그 특별한 현재상황을 특이종으로서 어떻게 요리하느냐에 따라 당신 인생의 승패가 달려 있다. 이 순간부터 외국에서 배워 왔다든가 마술이라든가 기적이라든가 하는 비합리적인 언어유희에서 벗어나라. 요행에서 과감히 벗어나라. 지금 이 특별한 현재상황에서 특이종으로서 조금씩이라도 한 단계, 한 단계씩 올라가면 당연히 목표에 도달할 수 있는 것이다.

걷고 있는 상황이라면 특이종으로서 어떻게 걷는 것이 과연 당신의 인생에서 성공적일 수 있는지 의결해 보라. 다리만 움직일 것인지, 허리까지 움직여 줄 것인지, 고개까지 움직여 줄 것인지, 즐거운 마음으로 걸을 것인지, 주변의 꽃들을 감상하며 걸을 것인지, 암기하며 걸을 것인지 의결하라. 특별한 한 상황, 한 상황을 특이종으로서 자유롭고, 지혜롭게 대처하라. 어떤 상황은 '느리고 게으르게' 대처하라. 또 상황에 따라 어떤 상황은 '하면 된다'로 대처하라. 또 어떤 상황은 '열 번 찍어 안 넘어가는 나무는 없다'로 대처하라. 이제 당신의 처세는 남들이 정하는 게 아니라, 과거나 고정관념이 정하는 게 아니라, '지금 이 특별한 현재상황'에 대한 '지금 이 특이종'인 당신이 지혜롭게 의사결정 내린다. 지금 이 상황은 어느 상황과도 다르고 특별하기 때문이다.

똑같은 지금 이 상황도 사람에 따라, 시간에 따라 혜안이 달라질 것이다. 특이종 나름대로 자유롭고, 지혜롭게 의결하라. 참자아란 바로 '불합리한 주변영향에서 벗어난 의결기관'이다. 감각적으로 많은 걸 느끼겠지만 냉정하게 의결하라. 감각은 과거에서 오지만, '주변영향에서 벗어난 의결 그 자체'인 '참자아'는 현재에 있고, 의결은 미래를 보고 내려야 하기 때문이다. 당신에게 주어지는 어떠한 감각도 현재는 없다. 감각은 모두 0.01초 전이라도 과거이다. 그리고 의결의 결과는 0.01초라도 미래가 돼야 알 수 있다. 현재에 당신이 할 수 있는 건 오로지 주변영향에서 벗어나서 의결을 내릴 수 있을 뿐이며 그 자체가 바로 진아이다. 인식과 관계없이 존재한다. 현재 시점에서 그 의결권을 주변영향에 뺏기지 않고 지금 당신이 제대로만 행사하고 있다면 운명을 거스르는 것이며 머지않아 당신은 '특이종신드롬'을 일으킬 수 있는 것이며, 그게 곧 진아이다. 당신이 원하는 그 무엇도 다 이룰 수 있다. 어느 누구, 어느 시간대와도 종자 자체가 다른 '지금 이 특이종'이 '지금 이 특이상황'에 대하여 추구하는 현황혜안의결이 없다면 그만큼 당신은 인생을 낭비하고 있는 것이며, 하나하나의 현황혜안의결에 불가능이란 없을 것이다.

따라서 '현황혜안의결'이란 곧 특이종으로서 현재상황을 똑바로

특이종신드롬

파악하면서 올바로 처세하며 나아가는 것을 의미하므로, 어찌 보면 당연한 처세과정이라 할 수 있다. 하지만 대부분 사람들은 마치 눈을 감고 있는 것처럼 현재상황을 제대로 파악해 보지도 않고 남들 말이나 과거 하던 대로 무작정 따르며 나아가는 경향이 많다. 이처럼 특이종으로서 현재상황에 대한 현명한 의결을 내리지 않고 막연한 처세로 살다 보니 잘 살고 있다는 느낌이 들지 않게 되어 불면증, 우울증, 발표불안 등의 부정적인 증상들이 많아지고 집중력, 자신감도 떨어지게 된다. '현황혜안의결'을 실천하면 이 모든 부정적인 증상들을 점차 없앨 수 있고, 집중력, 자신감을 향상시켜 주며 나아가 당신의 인생을 성공적으로 완성시켜 주는 것이 가능해진다. 따라서 이 기본적인 현황철학을 습득한 다음에 최면을 병행한다면 천하무적이 될 수 있을 것이다.

특이종신드롬

ⓒ 김영국, 2024

초판 1쇄 발행 2024년 12월 12일

지은이	김영국 박사
펴낸이	김영국 박사
편집	좋은땅 편집팀
펴낸곳	도서출판 레드썬
전화	02-582-9582
팩스	031-423-7037
이메일	otp5863@naver.com

ISBN   979-11-984985-0-2 (93180)